世界上一定会有那么一个人，和你想着同样的事情，有着相似的梦想，怀着相仿的遗憾，此时，他想将快乐和感悟与你一起分享。

To:

From:

编著◆覃卓颖 孙玥

一生要做的99件事

99 Things You Must Do in Your Lifetime

品味经典  提升智慧

把活着的每一天都看做是生命的最后一天，
也许这真的是最后一天。

H.P.H
哈尔滨出版社
HARBIN PUBLISHING HOUSE

序一

人生，如何才能不辜负

这是一本能够陪伴你一生的书，你也许只需要几天的时间就能读完它，却要用一生的时间来完成书中的提议。别担心，你的人生不会因此而“负担沉重”，相反，这本书会指引你的心，让你的生活丰盈、快乐。

我想此时此刻，即使你手中捧着这本书，你的大脑后台仍有部分隐形程序在运行，思考着其他一些问题，请你让它们暂时停下来，问一问自己——

你快乐吗？你对生活满意吗？如果生命在下一刻终止，你是否心有不甘？

如果你的答案是肯定的，那么请你继续努力。如果你的答案是否定的，那么请你思索——多久才够——还需要多少时间你才能快乐起来，并对你的人生心满意足？

永远都不够！如果你还在继续现在的生活步调的话。

我们的生命不是太短，而是太长！短暂的生命往往目标清晰，你看那蜉蝣，朝生暮死，但它没有因为生命的短暂而颓废，即使生命只有一天，它也要孕育出轻盈华美的羽翼。

到底是什么让我们的心如此疲惫？不管白天笑得多么开心，晚上静下来的时候还是会落寞；不管昨天的目标多么清晰，今天的某个时刻还是会迷茫；无所事事，还是会疲累；厌倦了某种状态，又欲罢不能……幸福，到底在哪里？

我们终将离去，我们害怕，直到生命走到尽头时才发现，还有那么多事情没来得及做。有些事情是想到了，但没去做；有些事情是没想到，到了生命的末尾，想要做事的感觉却变得异常强烈。人生，如何才能不辜负？由此，有了这本书的诞生。让我们竭尽所能，减少生命将尽时的遗憾，哪怕只有一点点。

古书中说，列子能御风而行。我们有理由相信，御风而行的，不是列子的外在，而是圣人清明高雅的心。心若好，人生便是好的。生活疲惫，也许是因为太多的事情都是为身体而做。这本书中说的事情，大多是为心而做，为了幸福而做。

你相信吗，书也是有灵魂的，请你善待这本书，也许她还不够尽善尽美，但她可以成为一本和你最亲近的书。不要让她在书架上落满尘埃，那样她会孤单；不要把她放在某个经常被你遗忘的角落，那样她会悲伤。请你一定，一定把她放在你唾手可得的地方，当你孤独的时候，当你寂寞的时候，当你的心失去前行方向的时候，当你的灵魂疲惫的时候，翻开她，慢慢地读她，你会感觉到，你的心会再次丰盈如花开……

如果，这本书让你对生命有所感悟的话，请你，把这份感悟的欣喜转赠给更多的人，你的亲人、朋友、老师、客户……要知道，你送出的不仅仅是一本书，更是爱，是快乐，是生命的灵光，难道还有比这更珍贵的礼物吗？

生命只有一次，但如能正确地运用它，一次足矣。

序二

从生命的终点出发

在我们尚且健康时，很少有人会从生命的终点出发思考自己的存在。如果倒叙着思索人生，你的大脑中会建立起一个过滤器，仿若筛子，记忆的洪流冲过去时，这个筛子上只留下一些“大个的东西”——我做过什么？我爱过谁？我错过了什么？我有哪些愿望没有实现？偶尔，我们需要把今天当做人生的最后一天，从生命的终点出发思考人生，这会帮助我们认识到生命的有限。

生命永远都不够长，无论何时，人们总觉得还有很多事要做。你想着有空要去拜访你的启蒙老师，想着应该多阅读一些书，想着有时间要重回童年故居看看……你想着很多今生要做的事，想着，只是单纯地“想着”。这些生命中最重要的事情被你排列在生活琐事之后，仿佛你的人生还有很多个以后！

永远不要舍本逐末地生活，无论我们是否愿意，总有一日，我们会离去。很多意想不到的事情可能随时让生命戛然而止。那一天到来的时候，谁能理清，自己的一生做了多少有意义的事情，留下多少未了的心愿？

你无数次地问自己，我一生的努力为了什么？为了在生命将尽时无憾地说一句“我活过了”！问问自己，你活过了吗？你可曾亲手植过一棵树，让你的生命在这棵树中延续？你可曾写一部人生的“忏悔录”，祈求内心的祥和与平静？你可曾一个人背起行囊去旅行？类似的事情还有：挑战一次自己的极限、倾听婴儿的第一声啼哭、为自己录个像、深情热烈地爱一次、学会一种乐器、见一位景仰的名人、做一次志愿者、发表一篇文章、写下死后捐献器官的遗嘱……是的，这些事情并没有太大的“实际意义”，它们不能让你因此得到荣誉和金钱，但是，它们让你的心灵丰盈，让你的人生圆满，它们是你真正意义上为自己所做的事。

人们一般都有一个记事本，上面记录着一周的行程，一周的时间并不算长，尚且需要规划和提醒，何况人生！如果人生可以规划，我们就可以在紧张忙碌的生活中，把握好自己的心灵之舵，构筑充实多彩的快乐人生。

请把本书当做你人生的记事本，上面罗列的99件事，有些是你一直想做而无暇去做的，那就找个时间去完成；有些是你通过努力才能做到的，那就别再拖延；有些是你忘记去做的，那就让这本书给你一个提醒。

目录

第1件事

重回童年居住的地方

故乡，是那个离开之后才拥有的地方。游子思归的故事太多了，却没有一个因雷同而显得苍白。

回一次故乡吧！

圆了这个时时缠绕着你的梦想，即使只在童年居住的地方重游，你也会蓦然惊觉，那个若干年前用热情装点自己的少年，已成为记忆中醉人的风景。

他在支票簿上写下“20元”的款数，潇洒利落地签下他的英文名字，然后，他给友人写信：

请你，请你买一顶手编的草帽，请你，请你买一张赴吾乡的车票，然后，请你在车站转角，那常穿褪色唐衫的阿伯处买一挂荔枝，我知晓，现在是荔枝时节。再然后，请你，不要乘车，戴着草帽步行过喧闹肮脏泛着污水的露天小菜场，拐过卖卤味牛肉面的老王的面摊，到吾家，不必敲门，请唤声：“阿朗伯仔！”那是吾爹，请将荔枝留下，陪他老人家饮一杯茶，再请你转到邻舍，看有一年轻的妇人，粗陋、衣衫简朴的妇人，她是吾初恋的爱人，看她是否仍有健康甜美的笑靥，是否又为她的丈夫增添了儿子。请你，请你为我做这些，寄上费用美金20元。谢谢。

他将信与支票放入信封袋，以泪和吻舐封了袋口，粘贴了航空邮票，然后，再取笔，在支票记录簿上记下：

6月18日，回家车费及杂用，20元整。（爱　亚）

周国平先生曾无限感慨地说：回到故乡，去采撷你多年不见的信物吧！桃花几朵，柳枝一段，荷叶片片，野菊满园。我们的性情就像第一封情书初次绽露出快乐的现场版，那时的感觉一定美丽极了。可惜农村是愈加回不去了，不是路途遥远行程不便，而是城市的点点滴滴让你我越来越忘了回家的路。

乡愁被不可救药地当成商品出卖。旅游线路图明确标示了乡愁的方向吗？摆在超市货架上的家乡米酿有少年离家那一晚的甘醇吗？站在桥头日复一日等待的小芳会迎来情歌的传唱却永远等不来远走的爱人；农家饭庄的田园美食醉倒城里人却丝毫无助于我们对知青生活的爽朗回忆，因为这一切都是用等价交换的金钱换来的。

乡愁，或许是儿时越飞越高的风筝，或许是“慈母手中线，游子身上衣”，或许是长河秋月落日余晖，或许是征人此去忆君长安。别样的况味，一样的离愁别绪，

你的故乡在哪里？

你还记得上次回去的日期吗？

你记忆深刻的故乡风物是什么？

你的儿时玩伴都有谁？

____年____月____日，

我将起程回故乡。

它是在自我感悟中步步提升的一种直面人生的书写，它不应该最终沦为城市博物馆里供人赏玩的历史珍藏。它是过去、现在与未来的交织共鸣，就像一条绵延在人类记忆里的河流穿越历史的烟尘而来，那样的奇诡，那样的卓绝。

乡愁是对现实主义的一种反动，是在世俗的柴米油盐酱醋茶之上的一种浪漫出逃。也许我们可以说乡愁就是一匹罗曼蒂克的思想骏马在故乡与他乡之间的赛跑；它是“马伫塞外雄关，望天山怀张骞”“车过河北高阳，临易水追荆轲”的别样思绪。毕竟乡愁的存在，是一种幸福的燃烧，是甘甜的烛光照亮脚下的路。

就像在万千的地名中上苍独独让我选择了故乡一样，乡愁不老，乡愁馨香，我们“怀着乡愁寻找家园”不正是永续不灭的精神皈依吗？乡愁，让你我在沉思的瞬间总会想起梦中萦绕千回呼唤千回的那个芳名。这是人世间最不朽的绿叶，它骄傲地立足，尽管忧伤，却不改灿烂。风吹云动中，永留有“我思故我在”的魅力。

人们常说：“我死以后，把我的骨灰送回故乡……”为何不在活着的时候回去看看？故乡的风物会随着时光的推移而改变，但无论你是衣锦还乡、荣归故里，还是走投无路、寻求庇护，故乡，始终会宽厚而温存地迎接你。

对于思乡的人而言，即使不能真正踏上故乡坚实的土地，哪怕只匆匆路过一次也是好的。还有一些人，对于自己的出生地以及童年居住过的地方魂牵梦萦。当重游故里的时候，怀旧的情绪会带给人们深深的感伤。你可以独自去，或邀别人与你同行，如果你有自己的孩子，而他们又未见过你儿时住过的地方，或从未见过你的父母住了几十年的房子，就带他们去看看。带他们去看你以前读过书的学校，你玩球的场地，或者那堵你为了看一眼邻班女孩而翻越的围墙。

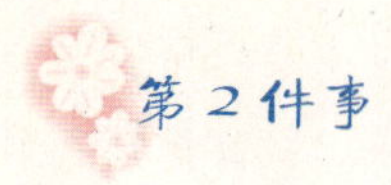

珍藏一件凝聚情感的物品

老奶奶接到她10岁孙子的一封信："亲爱的奶奶，多谢您送给我的那身您亲手为我编织的毛线套装。毛衣太小了，我把它送给了小波。围巾太长了，我把它送给了阳阳。手套太大了，我把它送给了小岩。很可惜，那顶帽子对谁都不合适。它真是件漂亮的礼品。爱您的明明。"

可是，如果20年、30年后，长大成人的明明从箱底翻出那顶"对谁都不合适"的帽子时，他会以怎样的心情怀念慈爱的奶奶呢?

我们也许无法计算自己使用过的物品，但总有那么几样东西牵动着记忆；我们也许无法理清别人的馈赠，然而历经周折，却始终不忍丢弃那些生命中的"宝物"。触景生情，睹物生情，人生的珍藏不外乎一个"情"字。

记得小时候，家里很穷，全家七口人靠父亲那微薄的工资过日子。但乐观的父亲没有被生活上的贫穷和工作上的压力所压倒。在我印象中，父亲永远带着微笑，一顶滑稽的帽子盖在他那微秃的头上，手里拿着一根英式手杖，他对我们说这样显得年轻。他的嘴里还叼着一个他永远不离身的玉龙烟斗，听说这个烟斗是从宋朝传下来的传家宝，父亲曾对我说就是穷到要饭的地步，也不会卖掉它。

我是长子，父亲对我比对弟妹要求得更严格，但他从不打骂我，甚至有时我把他的文件搞得乱七八糟，他也只是笑着说我几句。无论家里的境况如何窘迫，父亲总是对我们微笑。

我终于以总分第一的成绩考取了大学。那天，父亲拿着录取通知书，哭了。他又哭又笑，像疯了似的跟左邻右舍自豪地说："你们看呀，我儿子考上大学了!"邻居们向他祝贺，我从父亲的脸上又看到了他那特有的笑容。

转眼到了开学的日子，可随之而来的学费问题使我们一筹莫展，我甚至想到了放弃学业，赚钱补贴家用。这天，父亲冒着小雨从外面赶回来了，他拍了拍身上的雨珠，笑呵呵地从怀里拿出一包东西。我打开一看，竟是一叠钱，共200元。我大惊，因为在那时200元是一笔不小的数目。“你哪来的这么多钱?”我问。父亲的脸色变了，惊慌地掩饰着说：“这……这你就不要管了，去了大学好好读书，别给你老爸丢脸。”我困惑地接过钱，突然一惊，我大叫道：“父亲，你的烟斗呢?”原来我发现父亲心爱的传家宝、我曾祖父留下来的宝贝玉龙烟斗，此刻不在父亲的手上。父亲尴尬地笑了笑，拍了一下我的肩膀说：“孩子，小烟斗又算什么呢?”我无言以答，泪水早已噙满了眼眶。

斗转星移，大学毕业后，我在一家公司谋到一份小职。10年以后，我被提升为这家公司的总经理，而我的父亲已是垂暮之年的老人了。在父亲80岁生日那天，我冒雨匆匆地赶到家，没进门就听见了父亲爽朗的笑声。我推开那扇熟悉的门：“啊哈，你竟然在我的生日时迟到了，来来来，罚酒三杯。”父亲高兴地嚷着，我走过去拥抱了父亲，在他耳边轻声说：“生日快乐!”说完我递上用彩纸包的礼物。“今年送给我什么惊喜?”“你打开看看!”父亲瞪了我一眼，笑骂道：“你小子，就知道

卖乖。”他打开了彩纸，接着又慢慢地打开了盒子，我兴奋地注视着父亲，只见他的手颤抖着，霎时眼里充满了泪水。母亲好奇地望了一眼：“天，这不可能，这……这不是你的玉龙烟斗吗?”父亲抬起头来用泪眼望着我，不知不觉中我的眼里也充满了泪水。我说：“这个烟斗我找了它整整5年，今年才被我找到。现在我把它交还给你，并且要告诉你，我爱你，父亲，谢谢你为我所做的一切。”父亲什么也没说，只是久久地拥抱着我，久久地。

如今，父亲已经故去，烟斗回到我手上，伴我同行。（佚　名）

很多父母都会为孩子保存童年时的物品：衣物、玩具、最初的学习成绩单、从学校带回的礼物、第一个练习本，乃至记录孩子成长历史的照片、录像带……这点点滴滴都是爱的珍藏。

有些东西是我们应该立即丢弃的，如任何令你联想起不愉快事件的东西、令你心碎的旧情书、你讨厌的毛衣和盘子、坏了的鞋子等等。但有些物品，牵动着你美好的记忆，承载着你的情感，是你应该永远保留的：令你美丽的衣裳、你11岁时写的日记、老祖母送你的一条缎带、初恋时的礼物，以及一张承载友谊的照片……

把爱仔细地收藏起来，你将不枉此生。

第3件事

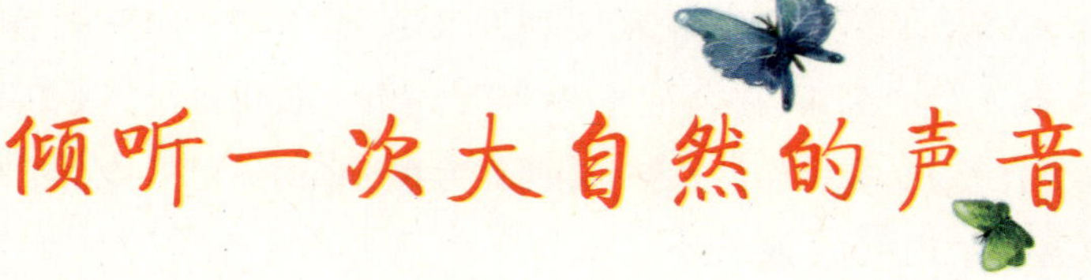

倾听一次大自然的声音

面对大自然，有时不必要作什么有形思考，仅仅作一种感情的沟通就够了，在这种交流中，你会感到有无形的力量潜入到你的身体里，给你无限的信心和勇气。探究其原因，也许是由于大自然太伟大太震撼人心了吧，它是取之不尽用之不竭的力量的源泉，神秘而深邃。

大自然能给予我们人类的激励、启发和想象是难以胜数的，有些更是无法言传的。一个简单的道理是：人类是从大自然中成长起来的，我们的根在大自然里。人类的思想不足以解释我们日益加重的困境，答案就在大自然里。虔诚地向大自然祈祷，寻求它无言的启示吧。

“人生有很多选择等待着决定，但千万别在城市里下决定，”松下幸之助有一次对着一万三千位松下同仁说，“应该到郊外去!”到大自然中去，就是让身体休息，让心学习。

“我们的家，我们的地球是多么奇妙美好：回旋氤氲的大气、流动和冰封的液体、颤动的植物、攀爬的生物、依附在岩石上高飞在迷雾中咯咯作响的昆虫、毛茸茸的草和如镜的海洋。”美国作家爱德华·埃比无比细腻地描写了令人心动不已的大自然景致。

大自然中，有许多你早已认识而且每天都可以亲眼看见的事物——树木、植物、海洋、山峦、沙漠。大自然中也有许多你可以通过旅游或书籍、影片去学习、了解的事物。但大自然中，还有更多你既不了解，也永远不能亲身体验的事物。如果没有这些，世界就不会存在，也就无法供养人类和其他生物。

你的感官会随着周围自然界的最小的活动而调适；你的感官只容你隐约见到大自然奇妙奥秘的微弱闪光。

追求精神生活的人，一定要拥抱大自然。如果每天散步是你的养生之道，别忘了户外的美景与新鲜空气，它们会提升我们的心灵美感，阳光、蓝天，还有芬芳的泥土，多美的自然物！

迈出你的第一步之前，请深吸一口新鲜空气，激发活力，然后欣赏今天的天气，无论它是阴是晴、是寒是暑。散步途中，你有没有看到青翠的树、唱歌的鸟儿、盛开的花朵？请让神奇的大自然激发你的活力、治疗你的心灵、提升你的精神。

如果你没有外出运动的习惯，至少，每天应该花点时间欣赏大自然，让大自然赐给你能量。请从明天开始，每天早晨站在屋外，至少 5 分钟。在你搭车或跳进火车之前，利用时间，观赏一下天空的云彩，或是草地上的露珠。或者，下班后先不必急着进家门，请在户外伫立 5 分钟，感谢又过了美好的一天。

晚上就寝之前，请养成习惯，打开大门，走到户外，几分钟就可以了，即使一个深呼吸也将令你享受到自然的清新，相忘于寂静的深宵，与高旷的夜空一起思考。

如果你住在被水泥建筑包围的大城市，那更要抽空到附近的公园或草地散散心。而且，假日一定要到有自然美景的地方充充电，同时在美妙的大自然中接触真正的自己。

拜访一次你的恩师

如果你认识这行字，请感谢你的小学老师。

在每个人心底，“传道、授业、解惑”的恩师都会被细细珍藏。“恩师”二字，不知会引发多少酸甜交织的回忆和无以言诉的感激。然而，毕业后，你四处奔波，云游天涯，你偶尔会在梦中看到恩师渐多的白发，可你是否曾沿着学生时代那熟悉的小路，去拜访一次你的恩师呢?

晚上7点多钟，沙丰诺夫朝火车站走去。当他走到无轨电车站附近时，他抬头看到了自己读中小学时的学校——一栋黑沉沉的四层楼房。这楼房依然伫立在老地方，和他童年时候见到的一样，和许多年前一样。

这就是他坐在书桌旁度过许多学习时光的地方，他带着激动而又好奇的心情看着这座昏暗的楼房，突然发现右边角落里射出红色的灯光。难道玛丽雅老师还住在那儿？玛丽雅是他小学时候的数学教师，以前就住在这里。他怎能不马上想到她呢？要知道，他曾经是她最宠爱的学生，玛丽雅老师确信他在数学方面前途无量。沙丰诺夫沿着林阴道走过去。他与老师多年不见了。她现在是否还住在这儿？是否还活着？如今怎么样啦？记忆中有多少事情同玛丽雅老师联系在一起啊！沙丰诺夫小心翼翼地上了台阶。他想敲门，但是门开着，走进去一看，房间里没有人。

在他的身后有人说活：“是谁在那里呀?”

沙丰诺夫回头一看，在门口站着一位个子不高的清瘦女人，他立刻便认出是玛丽雅老师。

沙丰诺夫低声说：“老师，您认不出我啦?”她就像对待学生家长那样，用严肃而有礼貌的声调说：“请坐。”

“您还认不出我？我是……”

她用几秒钟的工夫从上到下地仔细打量着他，稍带惊恐地说：“帕沙·沙丰诺夫！帕沙！请坐，请坐，坐到这儿来，坐到桌子前边来，帕沙！是你来啦！”

他想同玛丽雅老师握手，但是他没有握，因为人们与母亲见面时是不握手的。

他们在桌旁坐下。

玛丽雅老师高兴地说：“好啦！帕沙，先谈谈你自己，你现在干什么？干得怎么样？不过，关于你的事，我可知道得不少，是从报纸上看到的。你写的书我也读过。你结婚了没有？”她急急忙忙地提了一大堆问题。沙丰诺夫回答说：“我已经结婚了，玛丽雅老师。”

她甜蜜地看了他一眼，问道：“你幸福吗？”他回答说：“好像挺幸福，我有一个儿子。”

她还没有完全听清楚，接着又说：“好啊！工作怎么样？你在搞什么设计？搞

给你留下最深刻印象的老师是 ____________

他（她）的电话 ________________________

你经常联系他（她）吗 __________________

你上一次见到他（她）是什么时候 _________

____年____月____日，我将拜访我的老师

得怎么样？成功了吗？”“暂时还不知道，玛丽雅老师，咱们还是谈谈过去，说说学校吧……”

“我很清楚地记得你们班有一群顽皮的有才能的男孩子。我还记得你同维佳·斯涅基列夫之间的友谊。”

“玛丽雅老师，还记得您给我的代数打过 2 分吗？好像是五年级的时候。”

“记得，那是因为你没做作业。数学这门课你学得特别好，但是你很懒。”

她往茶杯里倒入茶水，放进茶匙，想了一下问道：“还记得米沙·舍赫切尔吗？”

“他当上了记者，”玛丽雅老师慢慢地说，“到全国各地去出差，还出国。我经常看到他写的文章，也常常想到他。”

“他来过吗？”

“没有。”

“是啊！我们都各奔东西了。”沙丰诺夫接着说，“听说维佳在乌拉尔当厂长。玛丽雅老师，有谁来看过您吗？您遇到过我们班的同学没有？您见过戈里沙·沙莫依洛夫吗？他当了演员，还记不记得您对他说过他很有才能？”

“帕沙，我只是在电影里见到他。”

“难道他没有来过吗？”

“没有。没来过。”

“玛丽雅老师，我很想知道，有没有谁给您写过信？”

“没有，帕沙，”她说，“柯良·西比尔采夫经常到我这里来。他生活很不幸。他经常来。”

师生二人都沉默不语。沙丰诺夫感到很不自在，在默默无言中，他看到玛丽雅正往书橱里看。他也跟着看书橱，在第一排书架上发现了他写的关于飞机制造方面的书。

“玛丽雅老师，在您这里有我写的书？”说完，他立刻停住嘴，他记得他并没有把这书寄给老师。

“是的，我读过啦。”

沙丰诺夫站起来，把自己写的书从书橱中拿出来，很难为情地说：“玛丽雅老师，我在书上给您签个字，可以吗？”

沙丰诺夫不记得在书上写了些什么话，但是他清楚地记得他和老师是怎样分手告别的。玛丽雅老师走出来送他。他沉默无语，老师也沉默了一会儿，然后突然问道："帕沙，告诉我，在你的著作中有没有一点点我的功劳？"

"玛丽雅老师，您说到哪儿去了呀？"他喃喃自语道，"如果不是您……"

她直接看着他的眼睛说道："你以为我不高兴吗？不，像你这样的贵客到我这里来过，我明天就讲给我的学生们听……去吧，帕沙，祝你取得更大的成就，祝你幸福……"

他们分手了。他很快地走进公园的小路。回头一看，玛丽雅老师还站在台阶上。

回莫斯科的路上，沙丰诺夫怎么也平静不下来，心中充满火辣辣的羞愧感。他想到多年前一起学习过的所有同学，希望得到他们的通信地址。随后，他又想给玛丽雅老师写封信，但是他惊讶而无比羞愧：他竟不知道老师家的门牌号码！

当火车停到一个大站的时候，沙丰诺夫带着沉重的心情走出车厢，按学校的地址给玛丽雅老师拍了一封电报。电报中只写了这样5个字：

请原谅我们。（尤·瓦·邦达列夫）

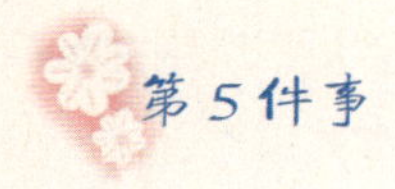

第5件事

大声说出你的爱

多数人最大的问题不是不能爱，而是不能表达、沟通他们的爱。如果我们渴望爱的体验，如果我们想创造爱的关系，我们必须愿意去沟通我们的感觉。当我们学会了开放而真诚地去沟通，人生便因此改变了。

爱某个人就是去跟他沟通。让你所爱的人知道你爱他们，你感激他们。

永远不要害怕说出这三个奇妙的字：我爱你！

永远不要放弃任何一个赞美他人的机会。

永远对你爱的人留下爱的语言——那可能是你最后一次看到他们。如果你将要死去了，而你可以打一个电话，你会希望打给谁？你会说什么？……还有，你还在等什么？

有次我受邀前往外地，发表有关高效率管理的演讲。抵达当晚，主办单位的几个人请我吃饭，顺便聊聊明天来听演讲的是些什么听众。艾德显然是这几个人的龙头老大，他块头很大，声音十分低沉。他告诉我，他是家大型国际企业的经理，主要职责是到一些分公司，去处理公司内部较为棘手的人事问题，解聘一些高级主管。

“乔，”他说，“我十分期待明天的演讲，因为这些人在聆听过你的高见后，就会知道我的管理方式是正确的。”他得意地对我笑道。

我微笑不语，因为我知道明天的情况绝对与他想象的大不相同。

第二天，艾德表情木然地听完全场演讲，然后一言不发地离开会场。

三年后，我重返旧地，向相同的听众发表另一篇有关管理的演讲，我在听众群中又发现了艾德。就在演讲即将开始前，他突然站起来，扯着喉咙问我：“乔，我能先讲几句话吗？”

我打趣地说："当然，你身材如此魁梧，你爱讲几句就讲几句，我不敢拦你。"

艾德于是开口："在座的各位都认识我，其中有些人还知道我近来的改变，今天我想把亲身的体验与各位分享。乔，想必我这番话会让你感到欣慰。"

"三年前的一场演讲里，乔曾表示，若想培养坚韧的意志，首先就该学习向身旁最亲近的人说声我爱你。起初我对这点颇不以为然，心想这种肉麻兮兮的话和意志坚韧能扯上什么关系？乔说坚韧与坚硬不同，坚韧如同皮革，坚硬则像花岗岩，而一个意志坚韧的人应该思想开通，不屈不挠，行为自律，做事灵活，这些话我赞同，但这与爱有什么关系呢？"

"那晚，我和太太两人坐在客厅的两端，我脑中仍想着乔的话。霎时我发现自己竟鼓不起勇气向太太表达爱意，我好几次清了清喉咙，但话到了嘴边，只含糊地发了些声音，其余的又吞了回去。我太太抬起了头，问我刚才嘟囔了些什么，我若无其事地回答说没事。突然间，我起身走向她，紧张地将她手上的报纸拿开，然后说：'艾丽丝，我爱你。'她好一阵子说不出话来，泪水涌上她的眼眶，这时她轻声地说：'艾德，我也爱你，这是你25年来第一次开口说爱我。'"

"我们当时感触万千，深深体会到爱能化解一切纷争摩擦。突然间，我像是受到鼓舞般，立刻拨了电话给在纽约的大儿子，我们已经许久没有联络了。我一听到他的声音便脱口而出：'儿子，也许你以为我喝醉了，但我现在很清醒。我打电话来只是想告诉你我爱你。'"

"他在话筒那端沉默了片刻，然后语气平静地说：'爸，我知道你爱我，真高兴能听到你亲口告诉我，我也要对你说我爱你。'我们开始闲话家常，聊得十分愉快。接着我又打电话给在旧金山的小儿子，告诉他同样的事，结果我们父子畅谈许久，那种温馨的感觉我从未有过。"

"那晚我躺在床上沉思，终于领悟了乔所说的那番话有更深一层的意义：如果我能真正地了解以爱待人的含义而且身体力行，就定能对我的管理方式产生正面影响。"

"乔，借着今天这个机会，我要说声谢谢你。顺便跟大家提一下，我现在是公司的副董事长，领导能力颇受肯定。好了，各位，现在专心听他演讲吧！"（乔·贝顿）

如果你已超过了30岁，如果有一天你被命令道："在一周内去找到你所爱的人，告诉他们你爱他们。那些人必须是你从没对他们说过这句话的人，或者是很久没听到你说这句话的人。”你会有何反应？感到震惊？有些反感？不以为然？觉得难为情？还是立刻去做？

给你一个忠告：立刻去做吧！不要迟疑！你也许从未对年迈的父母表达过你对他们的感情，你也许时常以忙碌作为没能去看望他们的借口——对他们说：我爱你们！你若是迟疑着不做，可能就会失去机会，老年人的生命是脆弱的。你是否几年来一直和伴侣漠然相守？你们多长时间没有互致爱意了？现在就去告诉他（她）：我爱你。你们会重拾消逝已久的激情。你也要让你的孩子知道你爱他。而你的亲人们，会因为你说的这三个字而激动不已，充满狂喜，他们会情不自禁地告诉你：我也爱你……

很多中国人都不习惯将感谢、关爱放在嘴上，人们表现得坚强、独立、阳刚，泪水都非常珍贵。见面后，只是礼节性地打个招呼，其实，在内心深处我们都知道彼此是关心的，但我们都将这种感情藏得好好的，生怕那点温柔显现出来。“心里明白”是典型的东方态度。父母子女之间、夫妻之间、朋友之间都是含蓄的，他们认为把感情说出来反而会变得很尴尬。

人的一生是一个相互关心、关爱的过程。语言的交流是非常重要的，因为每个人“爱的需要”被满足是多方面的。不要让别人只是用“猜想”知道你的关爱，而是要让对方时时感受到你的心意，这就要靠你自己用嘴巴告诉对方。爱，就要打开你的心门，让它自由流淌，让对方看得到、听得到、感受得到。

不要以为向亲人示爱只是单纯地使他们获得快乐，你也会从中得到巨大的精神愉悦。想一想哪些人是你想要表达关怀和爱意的，鼓起勇气对他们敞开心扉说出你的爱与关怀，不要等到一切都没机会说了而遗憾悔恨！大声说出你的爱，这不是件很难的事。立即去做，不要迟疑。

凭吊一次古战场

“浩浩乎！平沙无垠，不见人，河水萦带，群山纠纷。黯兮惨悴，风悲日曛。蓬断草枯，凛若霜晨。鸟飞不下，兽铤亡群。亭长告余曰：此古战场也。常覆三军，往往鬼哭，天阴则闻。”唐代李华的一纸《吊古战场文》，似乎道尽了古战场留给后人的悲凉和壮阔。所幸，我们生长在和平年代，不必体验战场上非生即死的血刃之争。但当你去赤壁怀古，去残存遗迹的古战场凭吊时，就会在绵延着的血雨腥风中，寻到我们永远都不应丧失的东西：对生的意义的感悟、冲向利刃的勇气，以及浸染黄沙的英雄气概……

让我们走进战争，踏着敌人或自己的尸体。我们可以看见无数战士倒下时画出优美的弧线，每一朵弧线上方，都绽放一朵美丽的血花。在秋日黎明的薄暮里，有旗帜升起，有旗帜倒下，纵火的战士已变成了火，狼烟迅速弥漫我们的双眼。让我们聆听，战争的声音就在耳边起伏，战马嘶鸣，刀枪怒吼，身躯轰然倒下时大地的震撼。我们看到所有战场都有鲜红的土地，我们的目光必须穿越狼烟，才能看清血的流速。它缓缓地却又永不停息地在历史中流动，作为六朝古都，金陵粉黛一些画卷的背景。

走进战争，其实我们便走进了历史。这时你最不能忽略的，便是战争中死去的战士和战马，还有历经千年已锈迹斑斑的，我们的刀，我们的矛，我们的弓和箭。

其实不是我们走进战争，是战争走进了我们。我们别无选择，只有战斗。

你该看到那个秋日黎明前持矛战士的勇猛和无畏，他那杆凝聚无数魂灵诅咒的矛，在苍茫天宇下挥动，向生命挑战。持矛战士知道自己注定要成为英雄，这个过程需要在杀戮中完成。他的矛刺穿一个个敌人的胸膛，他将敌人的尸体任意甩落在战场的每个角落，他所向披靡。持矛战士是黎明前偷袭战斗中最出色的战士，他的双眼甚至能洞穿黑暗，看到敌人内心的恐慌。

敌人踏过死亡仍然不断出现，持矛战士如猿猴般敏捷，不断避开迎面而来的刀和枪，他的矛虽然锋利，有时也刺不穿敌人的盾。有时他的对手，比他更强悍。我是受过诅咒的战士，我必须走进魂灵的世界。持矛战士的怒吼中响起无数魂灵的回应，他的矛指向天边时，第一缕阳光便顺着矛头落入他的掌心。阳光驱散阴霾，虽然是秋天，虽然有秋风呜咽，阳光下的杀戮，却仍然更悲壮残酷。我们看见长矛刺穿盾牌后矛头涌出的鲜红，鲜红也不能掩藏它的锋刃，刀在阳光下闪烁。持矛战士意气风发飞扬跋扈，战斗之后他的名字将在所有战士中流传。（秦　歌）

血雨腥风的日子离我们远去了，高耸的楼房、漂亮的公园、笔直的马路，我们眼见之处一片祥和安宁。生命中有些东西慢慢泯灭了，那是秦王统一天下时气吞山河的气概，那是荆轲刺秦王时一去不复还的勇气，那是项羽征战沙场时的豪迈。这些东西是不应该丧失的啊，纵然我们无法亲历战争。

人的一生中，一定要去一回古战场，在古城墙上举目远眺，耳边仿佛响起鼓角铮鸣，摇旗呐喊的声音。冲锋陷阵的战士，在刀光剑影中生死悬于一线。你生命中的某种激情被唤醒了，你仿佛是那指挥千军万马的将军，一派大气凛然。你在古战场上所体会到的勇气和大义，会为你的人生增添一笔浓重的色彩。

著名的古战场遗址：

淝水之战古战场遗址：位于安徽省寿南县的八公山。

牧野之战古战场遗址：位于河南省卫辉市北。

崤山之战古战场遗址：位于河南省洛宁县西北。

巨鹿之战古战场遗址：位于河北省平乡县。

昆阳之战古战场遗址：位于河南省叶县。

官渡之战古战场遗址：位于河南省中牟县东北。

赤壁之战古战场遗址：位于湖北省赤壁市西北约 40 公里处的长江南岸，由赤壁山、南屏山、金鸾山组成。

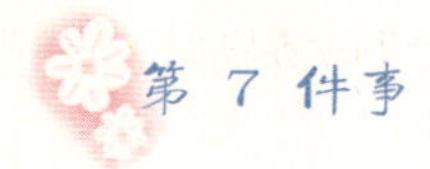

第 7 件事

为自己写一部自传

不管你承认与否，记忆这东西始终是薄弱而短暂的。你一定有过这样的体验，原本以为会植根于心灵深处的一些事情，过不了多久，其中的细节，以及你当时的感受就会一点点地模糊起来。而写日记，或阶段性地写一个小自传，是记录人生历程的最好办法。

那天晚上时间似乎过得很慢。我手里的神秘故事书越看越乏味。妻子蓓蒂好像也觉得厌烦，编织一会儿就停了下来。随后她走到书架前，看看最底层那长长一排装订简陋的书。

“要不要知道五年前的今天我们在做什么？”她打开手里的书翻看，“我们正在度假，在缅因住了两个星期。”

“真的？我忘了。”

“那天天气真好。”蓓蒂说。她微笑着坐下，回想当日的情景。

是的，我记起来了。我们坐在俯临海港水面的长凳上。泊在岸边的渔船，随波起伏。一艘渔船出来了，系在船坞内。我们朝船里望去，只见渔夫脚下有一只大篮子，装了半篮龙虾。海鸥在空中盘旋，又猛然飞向水面。蔚蓝的天空，点缀着棉絮似的朵朵浮云。

蓓蒂翻到下一页。“第二天我们坐船游览。记得吗？”

“记得很清楚，”我说，“我还记得我到深海去钓鱼那天，我们出海一整天，我钓到两条大鱼。”

黄昏不再沉闷。蓓蒂的日记使那可爱假期的每一天又都重现脑际。我们差不多每三四个月就拿出日记来看看，重温已经淡忘的快乐往事。

她合上日记，从书架底层又取出另一本来，她25年来的日记都放在那里，记的是我们25年的共同生活。较旧的日记都用盒子盛着，放在地窖里。

“20年前，”她说，“听着，米高读暑期班，因为他英文不及格。他几乎每一科分数都很低。他带功课回家，结果只对着书做白日梦。”

可是岁月如流水，人生多变。米高现已结婚，有了两个孩子。他是个教师，有硕士学位，还有其他学术成就。他母亲和我以前都为他成绩不好担忧，还怕他将来事业难成。日记能助我们深刻了解事物，平衡偏差点，让我们少烦躁，别匆匆经过花园，应稍停脚步，欣赏玫瑰的芬芳。

一阵翻书页的声音。“嘉露10岁的生日会上，有14个孩子参加，都是女孩。”蓓蒂念道，“她们傻笑、尖叫，低声说秘密。一个女孩打翻了冰淇淋，弄脏了衣裙。”

那段日子嘉露只有10岁。现在嘉露已是成年妇人，有自己的生活和责任。我们坐下回想，这就是日记的力量：发人深省，记起过往的日子。（佚　名）

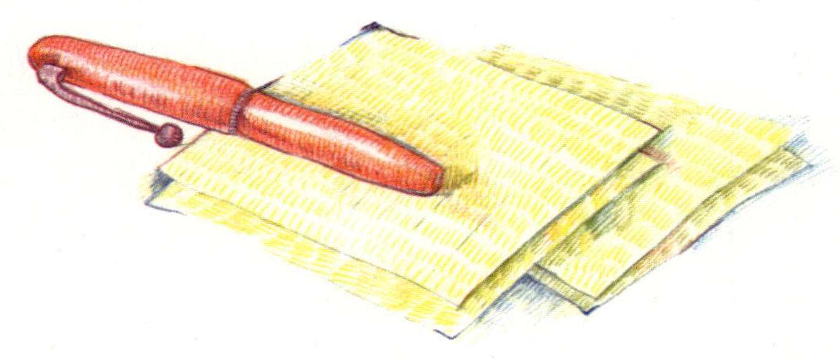

如果你始终写日记，那么请你：在今天的日记中记下阅读本书的零星感受，只需极少篇幅即可。这样，即使几十年后，你也会在不经意中，翻捡出关于本书的记忆。

如果你想从今天开始养成写日记的习惯，那么请你：去买一个漂亮的日记本，并且先试着写一篇总结自己近三年经历的小自传。

日记或小自传的功能至少有两个：帮助你保存记忆；记录你的心路历程，使你更加了解自己。

任何人的生命都在无情的岁月中度过。伟大人物的一生被记录下来留给后人看，可是你的一生、我的一生又怎样？我们在地球上的时间和空间里度过一生，难道不应该留下记录？我们的后代都会想知道我们从什么地方来，借此知道他们从什么地方来。日记及自传可能成为未来的无价遗产。

日记及自传是你一生经历的史志，可以是写来给家人阅读和消遣的，也可以是记载私下里最秘密的渴望和抱负的。尚未写的空页将是最和善最乐意听你倾诉的好友，等着你说要说的话，然后由你收起，锁上，始终默不作声。

日记或自传也可称之为精神手册，它捕捉你的思想与感受，让你在与自己进行心灵对话的同时，审视自己、反思自己、认识自己，为自身的完善与成长创造良机。在此过程中，你会发现自己，发现另一个自己，发现假面具后面一个真实的自己，发现一个分裂的自己……正如真理越辩越明，在与自己对话、解释、劝慰乃至激烈的辩论中，人心深处的仁爱、智慧和正义感就可能浮出海面。

需要切记的是，不必成为日记的奴隶，为日记做苦工，没有必要执意天天写。需要的时候，日记或小自传才是你最好的盟友。

找到一位真正的朋友

"别人都走开的时候，朋友仍与你在一起。"有时候在生活中，你会找到一个特别的朋友，他只是你生活中的一部分，却能改变你整个的生活。他会把你逗得开怀大笑，他会让你相信人间有真情。他会让你确信，真的有一扇不加锁的门，在等待着你去开启。这就是永远的友谊。

当你失意，当世界变得黯淡与空虚，真正的朋友会让你振作起来，他会与你一同度过困难、伤心和烦恼的时刻。你转身走开时，真正的朋友会紧紧相随，你迷失方向时，真正的朋友会引导你，鼓励你。真正的朋友会握着你的手，告诉你一切都会好起来的。如果你找到了这样的朋友，你会快乐，会感受到人生的美妙，因为你无须再忧虑。当你拥有了一个真正的朋友，你们的友情将永无止境。

一个青年说：请给我们谈友谊。

纪伯伦回答说：

你的朋友是你的有回应的需求。

他是你用爱播种，用感谢收获的田地。

他是你的饮食，也是你的火炉。

因为你饥渴地奔向他，你向他寻求平安。

当你的朋友向你倾吐胸臆的时候，你不要怕说出心中的"否"，也不要瞒住你心中的"可"。

当他静默的时候，你的心仍要倾听他的心。

因为在友谊里，不用言语，一切的思想、一切的愿望、一切的希冀，都在无声的喜乐中发生而令人可以共享了。

当你与朋友别离的时候，不要忧伤。

因为你觉得他最可爱之处，当他不在时会愈加清晰，正如登山者在平原上望山峰，也加倍分明一样。

除了寻求心灵的深邃之外，友谊没有别的目的。

因为那只寻求着要显露自身神秘的爱，不算是爱，只算是一张撒下的网，只能网住一些无益的东西。

把你最佳的事物，都给你的朋友。

假如他必须知道你潮水的下退，也让他知道你潮水的高涨。

你找只为陪你消磨光阴的人，他还能算为你的朋友吗？

你要在成长的时间中找他。

因为他的时间是满足你的需要，不是填满你的空虚。

在友谊的温柔中，要有欢笑和共同的喜悦。

因为在那微末事物的甘露中，你的心因寻到他的清丽而焕发光彩。

获得朋友的唯一方法，就是先学会做他的朋友。

这道理说来简单，做起来却不容易。现代人强调以自我为中心，往往一味要求对方配合自己。如果不能如愿，就大发“知音世所稀”的慨叹，最后在寂寞中走完一生。要知道，友谊不是凭空掉下来的，它需要培养、浇灌才能不断成长。不是你一味付出，对方就会全盘接受。

许多时候，我们用自己的方式与标准去经营友谊，却往往忽略了对方的存在。坚持只用自以为是的方法经营友谊，会带来许多压力。你会认为付出许多，对方却无动于衷。拉扯之间，友谊即出现裂痕。积怨压在双方心中，时间一到，火山就会在瞬间爆发，友谊就此寿终正寝。

虽然世间知音难寻，但如能学习先做别人的朋友，你就会找到真正的友谊。一个有智慧的人，会先选择交往的对象，其后视情况决定交往的程度。有的朋友在特定时空中肝胆相照，换个环境则船过水无痕。唯有知音，历经岁月沧桑而更加灿烂。

因此，当你在人生旅途中巧遇好友时，最好用经营事业的心来经营友谊。许多人跟着感觉走，最后多半抱憾终生。人会改变，但许多特质却恒久不变，例如喜欢别人了解自己的爱好与背景，不喜欢被人捉弄，渴求对方的谅解，厌恶朋友的疑心等等。人们多半希望受苦时朋友伸出双手，成功时也赢得对方的祝福，而后者却往往很难做到。

第9件事

亲手播种、收割一次

达尔文曾用从一只鸟的羽毛上收集来的种子，培养出82株植物。

你曾否想过，世上有这么多种开花植物（约25万种），让我们享受多种多样丰富的花、果和蔬菜，它们怎么能在没有人类助力之下生长繁茂？在播种时撒下希望，在收获时心怀感激。播下一粒种子，你就在广袤的大地上留下了一个印迹。

“大自然的微妙变化远非我们五官知觉所能捕捉，因此人类自以为是的沉思、猜测和阐释，往往离题甚远，只是没有旁人理会而已。”培根如是说。在播种与收割时，不仅是亲近了土地，其实，人生就是一个不断播种与收获的过程。

也许因一股无法预料的寒潮，我们用鲜血浸泡的种子不再发芽。

也许因一场无法抗拒的风暴，我们用汗水浇灌的庄稼不再拔节。

也许因一场百年难遇的洪涝，我们辛勤耕耘的土地颗粒无收。

太多的也许，甚至太多的种瓜不得，种豆无收，但我们不必因此而停止播种，即使伤痕累累，也要用自己那干裂的嘴唇吮舔滴血的伤口，以滋润近似枯竭的心域。播种现实，收获未来，当我们挥舞金镰，收割生命之果的时候，莫要回首，莫要停锄，曾经拥有的，稍纵即逝。

我们有什么理由辍耕？因为只有一生播种，我们才不会沉沦，田园才不会变为荒凉的沼泽。如果你身在城市，不妨在阳台上花点心思，种些花草，等待花朵绽放。不过，只有亲近土地，才能获得真正的播种的快乐。

第10件事

寻找一位你生命中的导师

在你的一生中，一定有这么一个人在等你，等你踏出适当的一步，进入他的感知范围。这个人或许会成为你的导师——你生命中的贵人。他能够洞察你的潜力，祝福你新的尝试，让你在失落时永远看到希望，让你在得意时不要偏离轨道。他跟你一样深信你会成功，他在平时是你学习的典范，并在特别的时刻助你一臂之力。

一个美国人对生命中的导师作出了如下精辟论述："上天在你的人生旅途上安排各种恩师。也许他们和你的相貌不同、声音不同，也许他们都不是你期望的类型。但重要的是，他们的见闻比你渊博，这就是你应该向他们学习的理由。如果你到现在还没发现恩师，那也没关系，只要张大眼睛，恩师一定会和你相逢，他将会传授你必须学习的经验教训。"

随着年龄的增长，我发觉自己越来越与众不同。我气恼，我愤恨——怎么会一生下来就是裂唇！我一跨进校门，同学们就开始嘲笑我。我心里很清楚，对别人来说我的模样令人厌恶：一个小女孩，有着一片畸形难看的嘴唇，弯曲的鼻子，倾斜的牙齿，说起话来还结巴。

同学们问我："你嘴巴怎么会变成这样？"我撒谎说小时候摔了一跤，给地上的碎玻璃割破了嘴巴。我觉得这样说，比告诉他们我生来就是兔唇要好受点。我越来越肯定：除了家里人以外，没人会爱我，甚至没人会喜欢我。

二年级时，我进了老师伦纳德夫人的班级。伦纳德夫人很胖、很美、温馨可爱。她有着金光闪闪的头发和一双黑黑的、笑眯眯的眼睛。每个孩子都喜欢她、敬慕她。但是，没有一个人比我更爱她。因为这里有个很不一般的缘故——

我们低年级同学每年都有“耳语测验”。孩子们依次走到教室的门边，用右手捂着右边耳朵，然后老师在讲台上轻轻说一句话，再由那个孩子把话复述出来。可我的左耳先天失聪，几乎听不见任何声音，我不愿把这事说出来，因为同学们会更加嘲笑我的。

不过我有办法对付这种“耳语测验”。早在幼儿园做游戏时，我就发现没人看你是否真正捂住了耳朵，他们只注意你重复的话对不对。所以每次我都假装用手盖紧耳朵。这次，和往常一样，我又是最后一个。每个孩子都兴高采烈，因为他们的“耳语测验”做得挺好。我心想老师会说什么呢？以前，老师们一般总是说：“天是蓝色的”或者“你有没有一双新鞋”等等。

终于轮到我了，我把左耳对着伦纳德老师，同时用右手紧紧捂住了右耳。然后，悄悄把右手抬起一点，这样就足以听清老师的话了。

我等待着……然后，伦纳德老师说了八个字，这八个字仿佛是一束温暖的阳光直射我的心田，这八个字抚慰了我受伤的、幼小的心灵，这八个字改变了我对人生的看法。

这位很胖、很美、温馨可爱的老师轻轻说道：

“我希望你是我女儿！”（马丽·安·伯德）

1919年，一位在欧洲大战中受伤的年轻人搬到了芝加哥，住在离安德森很近的地方。这个年轻人是读了安德森的作品后才感到文学力量的强大的，但当他和安德森接触后，安德森为人处世的观点更深刻地影响了他。后来，一个同样受安德森作品影响的年轻人慕名拜访了他，并虚心地向他求教。安德森一样毫无保留地指点他，还帮助他出版了他的第一部小说。

许多年过去了，安德森从未拒绝过任何一个向他求教的年轻人，他用他的作品和人格影响了许许多多读者和著名作家。著名的文学评论家考利称赞安德森是“唯一把他的特色和视野流传到下一代的人”。

第一个年轻人在1926年发表了他的第一部长篇小说，这为他赢得了广泛的赞誉。作品的名字是《太阳照常升起》，而年轻人的名字是海明威。第二个年轻人在安德森帮助他几年后写出了享誉全美的杰作《喧哗与骚动》，他的名字是福克纳。

许多人不明白到底是什么原因使安德森如此慷慨，愿意把他人生中最宝贵的东西——时间和写作技巧传给年轻人。也许答案在这里：安德森曾受教于另一位前辈作家——伟大的德莱塞。

把自己最美好的品德和最擅长的技巧无私地传承给需要的人，这种人的美德比任何作品都永恒。

你是否找到了这样的贵人呢？用一句很简单的话表达，导师或贵人就是那个帮助你获得成功的人。他是你行动的榜样，将所学毫无保留地传授给你，适时地对你提出忠告，并为你寻找发展的机会。在许多人成功的生命历程中，源于导师或贵人的协助远多过自己内在的力量。

去找寻你生命中的导师吧，他会为你引领正确的方向。请切记，好的导师可以为你提供很多无价的启示，但归根结底，每个人都只为自己的成长负责，因而，你的目的应是在导师的扶持下学会独立。

接下来，你也要尝试做别人的导师或贵人，有时，哪怕是一句无心快语，也会带给他人无尽的启迪，而你，也会因此被载入到别人的记忆中，这真是一件令人快慰的事情。

第 11 件事

体验在乡间居住的日子

在大城市中生活得太久，生活节奏太快，以至于你早已忘记那些简单的快乐，日日夜夜想的只是如何赚钱、如何飞黄腾达、如何不被城市淘汰。然而，在乡村里生活，简简单单就能让人快乐、满足。这样的地方，对于城市人来说，真是休养生息的好地方，但并不适合长久居住。毕竟你的尘缘未尽，无法心平气和地生活在这样的世外桃源中，你永远无法心如止水，过着不去追求名利，甘于平淡的生活。有许多东西，你不能放弃，也无法不去追求。当然，如果你生长在乡村，就到繁华的都市小住几日吧！重要的是——体验另一种生活！

乡间的风物会为你带来灵感，难怪许多名人雅士都喜欢在乡间思考，并静静地在纸上写下沉甸甸的文字。德国哲学家海德格尔在南黑森林一个开阔山谷的陡峭斜坡上，有一间滑雪小屋，小屋仅 6 米宽，7 米长，被间隔成厨房、卧室和书房。海德格尔记下了他在小屋生活时的感受：

“我只是在季节变换之际，日夜体验它每一刻的幻化。群山无言的庄重、岩石原始的坚硬、杉树缓慢精心地生长、花朵怒放的草地、绚丽又朴素的光彩、漫长的秋夜里山溪的奔涌、积雪的平坡肃穆的单一——所有这些风物变幻，都穿透日常存在，在这里突现出来，不是在‘审美’的沉浸或人为勉强的移情发生的时候，而仅仅是在人自身的存在整个儿融入其中之际……”

越来越多的都市人都在心中藏着一个美丽的憧憬，在城市和乡村各拥有一幢房子，就像酷爱乡间生活的英国人那样，每逢闲暇时，就到乡间享受田园风光。对于大多数人来说，这种想法有点不切实际，但只要你精心地安排自己的生活，每年抽出几天时间到乡间小憩，这并非奢望。

在车水马龙的城市里，每天，当你穿过闹市中来来往往的人群，穿过高高低低的楼宇，喧嚣和浮躁总是让你心烦意乱。何不偷闲几天，换个活法？在乡间，你的身心会得到彻底放松。

在乡间麦田的中央，你可以独自或约几个亲朋密友，坐在铺满干稻草的小丘上，夜幕低垂，晚风徐徐吹过脸庞，放眼四周，田野一望无际。夜色渐深，寂静更加凝重地笼罩田野，远处传来阵阵蛙叫声，与虫鸣声、犬吠声、风声、你及同伴的呼吸声和低语声，在田野里组成一首美妙的乐曲。四周不再有熙熙攘攘的人群。钢筋水泥的城市，错综复杂的人际关系，长久以来的情感压抑以及工作生活的压力都渐渐离你远去。留下的只有平静，心底的宁静、平和。

黑夜里，无数的星星眨着眼睛，天空就像是一张镶满钻石的被子，第一次，你体会到以天为被，以地为席的感觉。此时的你，仿佛又一次回到童年，不带有任何心机、猜忌，表露着自己完全真实的一面。这样纯真、朴实的心态及那种快乐的感觉，在城市中是难以寻觅的。

为自己植一棵树

毁弃一片森林是轻而易举的，而重造它却需千百年。毁树将失去家园，失去人类赖以生存的大自然，而种树，则是为了你自己！

请谨记德国作家黑塞的慧心良言：

“每一棵树都是神圣之物，谁能和它们谈心，认真倾听它们的心曲，谁就能返璞归真。它们不向你喋喋不休地唠叨什么训诫和丹方，它们撇开个别现象，向你谆谆教诲生命的原始真谛。”

在我们乡下，家里生了小孩，特别是男孩，长辈们就开始替他种树，树长得好，孩子也就长得好，树长大了，孩子也成人了。其实不然，种树容易成材难，树比孩子难养多了，种百株秧，成一株材，这是真理。孩子长大后，自己也种树，看着自己种的树和长辈种的树一起成长，再后来，孩子也该盖房成亲了，选一两棵成材的伐了，做梁做柱。

不种树的人在城里，他们太忙，不忙也不种树，没地方种，城里寸土寸金，他们也不需要种树造屋，他们有房，是钢筋水泥造的；他们有车，是钢板铁皮做的；他们有花园，是人工草皮和盆景拼凑的。他们什么都有就是没有树，没有真正属于自己的树。

去城里找人，人家会告诉你，在哪一条路，哪一面街，多少多少号，A座还是B座，乘坐几路巴士，在哪里转车在哪里下。去村里找人，只要开口一问，就有人回答：最高的那棵白杨树下，屋后有一片松树林的那一家就是。末了还补上一句，院里有两棵梨树。树，成了人的参照物，人与树相处，也发现了一些树的精神，长得高大伟岸的树靠的是努力与坚韧，而且越是在缺水背阴的地方，树长得越笔直挺拔，它们珍惜自己的每一分养料，拼命向下扎根，努力向上生长，吸取水分和阳光，险恶的环境造就了它们敢于吃苦和抗争的性格。

人，应该在心里种一棵树，一棵完全属于自己的树，这些事情年轻的时候大多是想不到的，等到年纪大了，有了自己的车、自己的房、自己的花园，你会觉得，你缺少一棵树。在你的花园里应该有一棵树，你可以躺在树下看书读报，看孩子们在树下游戏，可是你没有树，现在后悔了，但来不及了，怪自己年轻的时候为什么没有想到种树这件极容易办到的事呢？或是想到了，为什么又不动手呢？成就一棵大树需要多少年，人一般是赶不上的，树虽然不会说话，但它是有思想的，一棵正在思想的树，比一个麻木不仁的人要强。树在生长，向上向下努力，给人类暗示了两个方面，无论你身处何地，无论你境遇多么恶劣，无论你身份多么卑微，你都应该努力，像树一样抗争，像树一样活着。

把一棵树伐开，可以清晰地看到宽窄不一的年轮。好的年成，日子宽裕，年轮则宽；差的年成，日子紧巴，年轮则窄。但无论好坏，不也一天一天、一年一年过来了，有些人却没有这种精神，得意的时候忘乎所以，失意的时候悲天悯人，没有

无论如何，今生要亲手栽种一棵树。有空的时候去看看它，看着它长高、长大。有心事的时候，可以向它诉说，它是那个永远守望着你的朋友，它的每一圈年轮都是你生命的象征。

镇定和从容，人不如树。人在旷野里迷失了方向，可以问树，树可以引导你找到水源和人家。自然界中有许多法则，树木知道，野兽知道，虫子知道，有的人却不知道，其实也不是人不能知，而是不为也！人轻看了自然的东西，轻看了一棵树，人就要走弯路。（胡可民）

在葡萄牙流传着这样的说法：一个完人一生要做三件事，即生一个孩子、写一本书、种一棵树。在国内，有人撰文提出“人生四棵树”这样一个美丽的梦想：一个人出生的时候，他的父母为他种一棵树，通过立法赋予这棵树以他的人身权。结婚时，和伴侣联手种一棵树，象征着两人因爱情而新生并承担生活的责任。他们的孩子出生时，他和妻子一起为孩子种一棵树，这棵树具有孩子的人身权，也体现生命的延续。当他去世时，他的孩子又为他种一棵树，他就埋在树下，他的骨灰将化为枝上的绿叶。这四棵树足以标志一个人的人生历程。

亲手种一棵树吧，有土地的地方就应该有树，庭院里、马路旁、山坡上、池塘边、荒地里，农田间……这棵树不一定是稀有名贵的种类，不一定要开出美丽的花，不一定要结出饱满的果实，只要它能长出一树健康的绿叶就好；种下之后，你不要以主人自居，不要在树上挂上一块牌匾，上面写着你的名字或你给树起的名字；它生了根发了芽后，你无须定期浇水、施肥，就让它独自面对风霜雪雨，在春秋岁月里拔节抽条，开花结果；你不必时刻惦念它，甚至可以忘记种了它，当你忘记它的时候，它就完全属于大自然了……

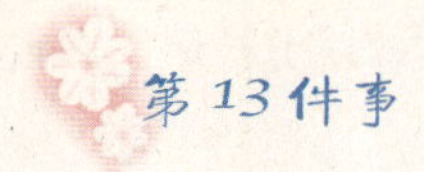

第13件事

寻找失落的童心

纯净如水晶的心，你本来就拥有一颗。

你应该被小孩子引导“重新”去看这个你已经有定论的世界。你的心灵、你的声音、你的行为，会随着与孩子的相处而变得像个孩子。

长久以来，我们都失去了童心，失去了爱玩乐的天性，这是使我们不快乐的原因。小孩子和大人最大的不同，就是小孩子拥有一颗赤诚的心。他眼中的世界是美好的，他热爱一切事物，且每一样东西都让他赞叹惊异。

塞尚说：“天真淳朴地接触自然，那是多么困难呀！人们须能像初生儿那样看世界。”和孩子们玩耍，不仅要寻找快乐，而且要使自己保持一颗纯净的童心，并试着以孩童的眼睛看世界。

儿童真是令人羡慕。当你在校园里散步，就会耳闻目睹孩子们的快乐。你会觉得他们完全沉浸在玩乐的喜悦中，他们欢快地跑跳、嬉戏打闹，完全不像你那样担心未来的困难。他们必须马上回到教室上课，必须参加考试，必须关心朋友和服从老师指挥，他们面临着如此多的困扰，但是他们具有摆脱烦恼的奇妙能力——泰然处之，顺其自然；他们不为困难发愁，能够完全投身于玩乐中。总之，他们不让未来的烦心事缠身，因为尚未失去生活于现在的诀窍，所以能充分体味快乐。然而步入成年之后，你就会发现你失去了这一诀窍，并确信这一诀窍不会失而复得了。

没有几个大人会抛开一切束缚，加入到孩子们的游戏中去，然而往往只有孩子们知道怎样度过大好时光，怎样把最乏味的环境变成有趣的活动。但是成年人不让自己从山坡上滚下来或做捉迷藏的游戏，究竟是为什么？

其实，我们每个人的内心仍然是一个天真的孩子，它喜欢在草地上打滚，不在乎把衣服弄脏和别人如何看待它。

詹姆士·科瓦诺夫在其美丽的诗歌《小男孩啊，我失去了你》中表达了这种小顽童仍常驻心中的感觉：

“小男孩啊，我失去了你，你的爽快的笑和无视疼痛的精神都跑到了哪里？／你尽情地玩、尽情地闹，无忧无虑；／你捉青蛙，心跳不停，硕大的青蛙使你的／小手望尘莫及。／你同小伙伴在寂静的森林中漫游，被乱窜的／豪猪吓得不敢喘气；／冷了点堆火，饿了用树叶充饥；／你无暇思考，瞧！前面又有一株长着刺的／药用蜀葵；／当与朋友走散时，口袋里的大折刀为你鼓足勇气；／老朽的枯木旁藏着鲜艳的花朵；／小猎狗兴高采烈，舔你的手指，／咬你的牛仔裤。／还有那未曾想到的足球赛，一罐果汁和蟋蟀的歌唱。／你何时失去了天真的感觉，年轻的心／不再容易颤抖。／大人的沉闷、登山的恐惧和世俗的吵闹，／去哪里寻找生活的意义？越是苦苦追求，越是得不到，／追求的痛苦反而使你远离童年的乐趣。”

如果你发现你的内心失去了天真，你应认识到它离你不远，这样，你就能开始与它接触。事实上，你的最大障碍在于你不愿意结识并接受你内心的“小顽童”。

生活在游戏世界中的儿童是真正的贵族，他们总是心无旁骛、浑然忘我地玩乐，尽情挥洒自由的生命。

天才也往往如此，他们知道“爱玩乐”是灵感的源泉。所有的科学家、哲学家或大艺术家都是爱玩乐的。他们知道，无论发现什么、想完成什么，都要先经过“玩乐”的过程。我们也必须学习在生命里，给玩乐一个较高的优先权。

与孩子般的人打交道多么有趣。这些人是你所接触过的最幸福、最有活力的人。他们知道责任和幸福是可以共存的；他们比普通人更知道怎样让自己内心的“孩子”出来亮相，不怕别人的议论。有时，他们能够完全地沉浸于幻想中，就像他们在孩提时代常常走神一样；他们知道“真正的生活”不是整天工作和不知娱乐，而是体现为一种最大限度地将工作和娱乐结合起来而获得成长的能力。他们对生存保留一种孩子似的天真和好奇，知道怎样在欣赏和培养童心的同时做好一个成年人。

在这个冷漠的世界中，我们应该毫不犹豫地放下心中的壁垒，为自己添一抹童心的笔触。这是让心情好起来的最佳方法。

第14件事

向自己的极限进行一次挑战

年轻人拥有挑战自身极限的胆量、勇气和欲望，他们喜欢冒险——即使危险超出了想象。他们总是想："总有一天我要征服……"至于为什么，却可能找不出答案，甚至仅仅是为了寻求快乐。

然而，人生阅历丰富的人将超越极限视为寻求人生完整的需要——每个人都应以坚定的信心和运筹帷幄的胆识，回应生活的种种挑战。每一次超越自我都会有太多的收获——充满风险的崎岖小径、刺激身心的旅程、宏伟壮阔的景观、冲破桎梏的释怀，以及迈向新的人生目标的成就感。

"行了，我们把那个家伙征服了。"这是1953年5月29日，34岁的新西兰养蜂人埃德蒙·希拉里登上珠峰后说的第一句话，那一刻他成为登临世界最高峰的第一人。50年之后，2003年5月23日下午2时37分，52岁的深圳万科集团董事长王石也成功登上了珠峰之巅。这一天，王石成为中国首位问鼎世界三极的企业家、年龄最大的华人珠峰征服者。王石说："我不向别人证明什么，我是证明给自己看；我又赢了一次。"

在登顶过程中，王石不断地挑战生命的极限。在登到8200米高度时，王石突然感到氧气不够，肺像要爆炸一样。对于登山的人来说，氧气就意味着生命。当时王石立刻朝夏尔巴人（向导）大喊：OXY！OXY！（氧气！氧气！）夏尔巴人示意他继续往上走，说上面有氧气。但翻过一个悬崖，并没有见到氧气瓶。此时王石处在极其危险的境地中：登顶，氧气不够用；下撤到有氧气瓶的营地，也不够用。登山队长当即指示王石下山，王石不甘心，他心一横：上！根据他的经验，一些登山者在登顶后下山途中，为减轻负重会扔掉多余的氧气瓶。于是他每每看到沿途有氧气瓶，就拿起来掂一掂，如果氧气有余存，他就给自己换上。靠着这个方法，王石不但保住了生命，还成功登上了珠峰之巅。下山途中，他又靠这类氧气瓶“接济”，才得以顺利返回。

王石说：“一个极限，你往往在一瞬间就放弃了，但就像这次一样，这并不是一个放弃就有氧，不放弃就没氧的选择，反正都缺氧，只不过危险性更大一点罢了。”这不仅仅是一条挑战身体极限的心得，王石成功推行了一种以身体极限来思考人生的价值观。

王石在52岁时已经完成了登顶七大洲最高峰和到达南北极点的计划，他的下一步计划是在55岁到60岁之间环球航海一周；60岁时从珠峰南坡再次登顶，作为献给自己的生日礼物；60岁到65岁穿越三大沙漠……

人为何会有寻求极限体验的冲动呢？著名学者周国平在对南极进行实地考察时写道：“正是在逼近生命极限的地方，人的生命感觉才最为敏锐和强烈。从生命的观点看，现代人的生活有两个弊病。一方面，文明为我们创造了越来越优越的物质条件，远超出维持生命之所需，那超出的部分固然提供了享受，但同时也使我们的生活方式变得复杂，离生命在自然界的本来状态越来越远。另一方面，优越的物质条件也使我们容易沉湎于安逸，丧失面对巨大危险的勇气和坚强，在精神上变得平

极限只能被超越，而无法被定义。一株幼苗穿越了阻碍它生长的瓶子，还有下一个极限在等待它，也许是高山，也许是海洋……你生命的极限也是如此，唯有挑战、再挑战！

庸。我们的生命远离两个方向上的极限状态，向下没有承受匮乏的忍耐力，向上没有挑战危险的爆发力，躲在舒适安全的中间地带，其感觉日趋麻木。因此，在实质上，对极限体验的追求是对现代文明的抗议和背叛，是找回生命的原始力量和最初感觉的努力。”

这种“生命的原始力量”应包括两方面的内容：一是对自身潜能的发掘；二是冒险的勇气。

人的潜能犹如一座待开发的金矿，蕴藏量无穷，价值无比，事实上我们每个人都拥有一座潜能金矿。

大自然赐给每个人巨大的潜能，但由于没有进行各种智力训练，每个人的潜能似乎尚未得到淋漓尽致的发挥。而在寻求极限体验的过程中，随着“极限时刻”的来临，你的潜能会一次又一次被激发出来，你会感到，自身的力量是无限的。

在现实生活中也是如此，据科学研究表明，人脑至少有90%～95%的潜能没有被充分挖掘出来，人类运用的只是极少的一部分。埋葬才能就是浪费才能，善用才能必有佳绩。一个人如果能够充分挖掘自己的才能，他成功的几率就大得多。

不冒任何险，什么都不做的人，什么也不会有，什么也不是。冒险才会有意外的收获。如果你知道冒险的乐趣，你就会沉醉其中，而不肯舍弃。冒险就是充实光大生命的极限。如果你能预知冒险之后你的生活会给你带来多么大快乐，相信你会迫不及待地开始寻找。

满怀希望和保持幽默乐观是恐惧不安的对立面，它能使人坚持努力，知难而进。

用快乐的情绪和坚强的信念去战胜恐惧，因而能够把自己身体内部巨大的潜力发挥出来。今生你至少要体验一次那种令你心惊肉跳、精疲力竭的感觉，目前风头正劲的极限运动给了普通人挑战自我的机会。“只有当心灵的激流冲破了宇宙的绝对控制的时候，游戏才能成为可能，才能成为可思议、可理解的东西。”当你凭借一块泡沫塑料板或滑雪板在湍急的小河上从3000米高的山上向下漂流时，冒险与自我超越的愿望极大地诱惑着你，使你与惰性和懒散竞争，使你战胜潜在的自卑……其中蕴涵的意义，只有在亲身体验后才能领会。

何谓超越自我，人人皆知，恐怕谁都想达到，却总有可遇而不可求之感。也许当你抛开了尘嚣琐事，凝神面对自我，寻求极限、挑战极限时，在极静与极动转换间，你会发现，超越自我变得那么自然；你也会发现，自身蕴藏着无尽的潜能。

第15件事

在长城上回眸一次历史

只要中国人在，不论几经沧桑，长城是不倒的。长城是中国的骄傲，中国的伤痕。不管将来的发展如何，长城作为一个多面的中国的象征仍会屹立在那儿；它又像一面镜子，映照出外部世界对中国社会和中国文化的异想蹁跹。

站在高山之巅、长城之上，我的脚下飞起一条白色的巨龙。东不见其首，西难穷其尾，越山跨谷、蜿蜒曲折、穿云破雾、远接苍穹。啊，壮哉长城！学者们说，用长城的砖石，可以修筑一道高一米、宽五米，环绕地球一周的城。宇航员们说，当他们在太空中回首家乡时，淡蓝色的小小环球只是一片迷蒙，唯有一条白色的飘带依然清晰可辨，那便是长城!长城，中华民族的骄傲，中国的象征！

我站在长城上，倾听。仿佛巨龙在诉说遥远的往事，仿佛历史的长河在回溯它的源头。我听到了，伐木叮叮，采石咚咚，金戈铿锵，号角长鸣。长城，不是哪一位工程师的惊世杰作，它是我们祖先智慧和血肉的结晶。秦始皇东临碣石，登高一呼，召来了三十万众。三十万条生命历尽严冬酷暑，化成了万里长城。不是有这样一首秦代民歌吗：“生男慎勿举，生女哺用脯，不见长城下，尸骸相支柱！”这歌声似乎太悲凉了，也许唱歌的人想让子孙后代在瞻仰长城的时候不只是想起秦始皇嬴政，还要记住那筑城的三十万黔首——虽然他们谁也没有留下姓名！且不管怎样评价嬴政其人吧，他那短暂若流星的王朝，毕竟留下了这座举世瞩目的丰碑，记载着永不磨灭的奇功。且不管修筑长城的缘起吧，正是在天地间出现这条巨龙的年代，从阴山之北，到五岭以南，众多兄弟民族的中华儿女形成了河山一统。汉魏六朝，隋唐五代，宋元明清，朝代的更迭只是过眼烟云，历尽纷繁的劫难，河山依旧，长城不倒，人民永生。筑城黔首的后代珍惜长城上的每一块砖石，龙的传人日日夜夜守卫着巨龙。

我站在长城上，倾听。仿佛九州生气汇成龙的长啸，万马奔腾化为龙的足音。东三省在呻吟，卢沟桥在怒吼，“起来，不愿做奴隶的人们!”当长城上空再一次升起滚滚狼烟，为国捐躯的已不只是那手无寸铁的三十万民众。巨龙的身上有四亿七千五百万块鳞甲，每一块鳞甲都是锐不可当的龙泉、青萍！当侵略者剖开了杨靖宇将军的胸膛，粒米全无的忠肝义胆岂是一片空空？不，侵略者发抖了，在一腔殷红的热血之中，他们分明看到了一条用血肉筑成的长城！听，“把我们的血肉，筑成我们新的长城!”这不是两千年前的悲歌，“冒着敌人的炮火前进!”这是中华儿女最后的吼声！长城，作为母亲，长城，作为壁垒，长城，作为旗帜，长城，作为战歌，直到五星红旗在长城脚下、天安门前冉冉上升。啊，长城，不可战胜的巨龙！

我站在长城上，倾听。俱往矣，十八拍胡笳，一阕大风！我听到了，听到了巨龙的心脏在跳动。仿佛是十亿条血管的脉搏，十亿根琴弦和声，宫商角徵羽，东西南北中。当巨龙翻身挣断窃国大盗的桎梏，当巨龙昂背重新飞向四化的征程，当五星红旗在群雄拼搏的洛杉矶升起，中华儿女的心中一同响起震撼世界的歌声：“把我们的血肉，筑成我们新的长城!”

我站在长城上，倾听。长城在对我说，两千年的岁月，它才度过了稚拙的童龄。今日起，将是一条风华正茂的巨龙！

我站在长城上，倾听……（霍　达）

长城之于中华民族的含义真是太丰富了。它一方面可比喻为巨大、坚固、可靠、刚毅、不屈，所以一千多年前南朝的名将檀道济就自比为国家的“万里长城”，在我们的国歌中也有“把我们的血肉，筑成我们新的长城”这样的词句。

古老，这个词几乎成了中华儿女全部存在的定语，成了我们全部自豪与骄傲的基础。古老的民族，古老的文化，古老的长城。对于这种古老，我们是无法重新选择的，我们必须接受它。因为我们来自于它，我们是它的延续。它是我们民族的骄傲所在，也是我们民族的痛苦所在。

深情热烈地爱一次

舒婷在诗中写道：我如果爱你——绝不像攀援的凌霄花，借你的高枝炫耀自己；我如果爱你——绝不学痴情的鸟儿，为绿阴重复单调的歌曲；也不止像泉源，常年送来清凉的慰藉；也不止像险峰，增加你的高度，衬托你的威仪。甚至日光。甚至春雨。不，这些都还不够！我必须是你近旁的一株木棉，作为树的形象和你站在一起。根，紧握在地下，叶，相触在云里。每一阵风过，我们都互相致意，但没有人听懂我们的言语。你有你的铜枝铁干，像刀，像剑，也像戟，我有我红硕的花朵，像沉重的叹息，又像英勇的火炬，我们分担寒潮、风雷、霹雳；我们共享雾霭、流岚、虹霓。仿佛永远分离，却又终身相依，这才是伟大的爱情，坚贞就在这里：爱——不仅爱你伟岸的身躯，也爱你坚持的位置，足下的土地。

去见那个女孩之前，他总会揣上七颗神秘的安定。

他第一次见她，就知道她失眠得厉害。脸色苍白，神情疲惫，这是失眠的主要特征。所以他对她说的第一句话是：“也许你需要安定。”他用了“也许”，是因为他见过很多矫揉造作的女孩，明知道自己有病还不肯承认。他不能判断她会不会是其中的一个。

她不假思索地说：“是的，我需要。”语气干脆得让他吃惊。她已经从他的双手看出来他是个外科医生，那双手白皙、修长、灵巧，典型的外科医生的手。

那只是一次普通的聚会，他的朋友和她的朋友一扎接一扎地喝啤酒，喧闹得几乎要将屋顶掀开。他和她不约而同地走到阳台上，一人占着一角，从 26 楼俯瞰广州的万家灯火。毫无疑问，美丽的夜景比屋内那帮吃吃喝喝的朋友更让他们沉醉。天河新城就在脚下，扑面而来的风卷起她的裙和发，借着暗淡的灯光，他发现她的脸一下子变得异常生动，舒展如花。这是一个只在夜里绽放的女孩，他想。

第二天，他坐了两个小时的车，敲开她的小屋，递给她一个用处方纸包裹的小东西，展开，是一颗安定。

她按照他的吩咐，换了深色的窗帘，扔了咖啡和茶，喝了一大杯牛奶，然后用白开水吞下那一颗药片。柔和的灯光下，她打开一本闲书，一会儿，书从手中滑落，睡意袭来，她有史以来第一次在12点前陷入了温暖的睡眠。

翌日，她醒来，看着镜中自己饱满红润的脸，给他打电话："我要一瓶安定。"他来了，却没有带一瓶，只有七颗，用一张处方纸裹着，他说："一天一片，睡眠会自己来找你。"

以后的每个周末，他都会准时出现，递给她一个小包裹。那里面是七颗安定，恒久不变。

开始，他很快就离开，慢慢地，待的时间会长一些。他帮她想办法对付厨房水管里的小飞虫，带她去街头拐角处的一间民房里打游戏，到白云山山顶去吹风，她就像温水里的青蛙，渐渐陷入爱中。

两年后，他们结婚了。蜜月旅行回来，她突然发现自己已有很多天没吃安定，

如果你爱上了一个人，请你，请你一定要用尽全力去爱他，不管你们相爱的时光有多短或者多长，若你能尽心地爱，那么，所有的时刻都将如钻石般璀璨，如星辰般永恒。

但照样睡得很香。问他，他才说：给她的那些药片，除了第一颗是安定，其他的都是维生素C。只因每一颗他都做了手脚，她一直都没发现。他做的手脚就是先用小刀磨去“VC”再刻上“安定”。在直径3毫米的药片上动手术，难不倒他这个优秀的外科医生。

她的泪突然滑过他的臂弯，他为她刻写了七百多个“安定”而她竟然不知，为他给她的婚姻，为这世界上最好的安定，她幸福得只能用哭来表示。（佚　名）

请记住泰戈尔的名言：相信爱情，即使它给你带来悲哀也要相信爱情。

爱是同心眺望。它联结我们的力量去推动那共同的承担，它使我们手牵着手，一同迈向光明的远方。

爱是属于永恒的，因为永恒就是爱。当我们相爱时，正如触摸到了永恒的衣角。

爱是知道他人关怀自己的一种感受，因此人生将永不孤寂。

爱是奇妙的意识，它使你知道有人分担自己的忧愁；它也使你喜乐丰盛，同时并因另一个人的喜乐使你的快乐倍增。

爱，就是联结了人与万物的神圣的约定，没有它，心灵就永远不会安宁，永远不会歇息，它与我们灵魂之间神秘的感应，唤醒我们心中的精灵去跳一场酣畅淋漓的狂喜之舞，并使神秘的温柔的泪盈满我们的眼睛。

深情热烈地爱一次——也许你会受伤，但这是使人生完整的唯一方法。

一个人去旅行一次

纪伯伦告诉我们一个关于珍珠的故事。一只蚌对它附近的另一只蚌说："我身体里边有个极大的痛苦。它是沉重的，圆圆的，我难受极了。"另一只蚌带着骄傲的情绪答道："感谢上天也感谢大海，我身体里边毫无痛苦，我里里外外都很健全。"这时有一只螃蟹经过，听到了两只蚌的对话，它对那只里里外外都很健全的蚌说："是的，你是健全的，然而，你知道吗？你的邻居所承受的痛苦，乃是一颗异常美丽的珍珠。"

对于杰出者来说，孤独就是蚌身体里的珍珠，忍受痛苦的结果是得到那颗美丽绝伦的珍珠。其实，对于一些人来说，独处并不意味着孤独，相反，他们把独处看成是难得的享受。

这一生中，你是否真正享受过独处的时光——独有一片静谧的空间，或干脆独自一人去远行？你自己跟自己做伴：你会感觉到自己仿佛置身于宇宙中央，地球和星河都绕着你旋转。

一个人外出旅行，坐在夜行的车中，望着窗外一点一点稀疏的灯火，裸露最敏感的心事。这时的你，什么都可以想，什么都可以不想。生活恩赐给你这些独处的片暇，好让你的眼睛穿过寂寞解读心灵。

一位远行于山间的人曾在互联网上留下了这样的文字：

"在一片空地上坐了下来，心情异常平静，眼睛静静地遥望着远方，视线中除了大山、天空，就是阳光和空气，一个十分单纯的景象。夕阳柔和的余晖斜射在对面的山峰上，使它的轮廓更加清晰，机体更富有弹性，像是孕育着生命的母体，生动真实地展现在我的眼前。而与它相连的山峰则无限延伸，逐渐失去原有的色彩，与天空结为一体。这是一个没有尽头的无限空间，又是一个纯粹空灵的胜地。在这里我看到了自然最真实的一面，原来它是那样浩瀚、博大，又是那样神圣而不可接近。面对这肃静、平和与深远的世界，人类自高自大的征服誓言仿佛变得苍白无力了。”

“我独自沉浸在这样一个完全自然的境界，真切体会着心灵与自然的坦然对话。此时，我感到无限充实和满足，又似乎是一片空白，沉浸在一种无法形容的宁静中，千年的高原湖泊仿佛此刻在这里停止。不知过了多久，心中忽然涌起一种难以名状的孤独和凄凉，一种想要逃避的愿望顿时强烈起来。但是，我不远千里来到这里，不恰恰是为了逃避城市中的浮躁与不安，寻觅这一片净土吗？为何在我真正面对它的时候，却又想仓皇而逃？一时间我对自己的矛盾心理感到迷惑不解。”

“渐渐地，太阳的身影已经消失在山的那一边，我决定在天黑之前下山。我没有按照原路返回，而是沿着一条细细的有着牦牛足迹的小道走下去。谁知小道越走越陡，越来越偏僻。我心中顿时一阵恐慌：不知小路将通往何方，我能不能在天黑之前走出大山，能不能安全地返回……我想掉头而返，可是低头看看脚下的小路，忽然间觉得小路的神秘化做了一股魔力，让我情不自禁地跟随它的指引走下去。这时，所有的恐惧、不安和无助也随之烟消云散，我又开始了新的征程。”

一生中既没有勇气单独地守着家，又不敢单独地远行一次，这好像是最没有出息的人。

与人共处时，我们扮演着不同的角色，无论是否称职，总是沿着既定的轨道前行。有的人宁愿面对别人，也不敢单独面对自己。其实，独处的人是最自由的，可人们习惯了自己一贯的角色，面对这份自由时，反而显得不知所措。于是，甚至有人对独处产生很直观的联想，以为独处就等于寂寞与空虚。

疲累的身体一躺下来便可得以休息，然而，日积月累的心灵疲累唯有在独自一人时，才能彻底释放。虽说君子不欺暗室，但独处时，你既可以尊贵如君子，亦可浪漫如仙子，或是天真幼稚得像个小孩；又可以胡闹如野马，懒惰如猪。你大可忘却你的所谓自我形象，任情任性地发泄，更可以静思内省。因为灵魂上的积垢，也只有在单独面对自己时，最无所遁形。于是，在宁谧的冥想中，你的灵魂自然会得到净化。

每个人都要走一条自己的路，我们来这世上时是一个人，去时也不可能结伴，做人终究是要孤单的。

参加一次游行狂欢

最糟糕的境遇不是贫困，不是厄运，而是精神心境处于一种无知无觉的疲惫状态。你是不是正处于这种状态？你有多久没体验激情澎湃的感觉了？那种血脉贲张，想用尽全身力气呼喊的感觉，在电视机前是体验不到的。走出家门，加入到游行狂欢的队伍中去吧！尽情呼喊，尽情狂欢。在那种热烈的环境中，你的热情会被放大十倍、百倍。你仿佛又回到了青年时代，重新找回了激情和力量。

哀莫大于心死，永远不要失去对生活的热情。

很多事之所以在还没有开始之前就已结束，并不是因为它真的有那么难，最主要的原因是我们没有心思去做。有些时候，明明事情刚开始时进行得还不错，一到中途却突然停顿下来，也不是真的碰到了什么瓶颈，而是因为我们不能坚持到底。

我们还有没有热情？假如切开我们身上的动脉，流出来的血还是不是又浓又热？

太多的失望和无奈压迫着我们，我们总是妥协，再妥协。向不完善的制度妥协，向不美满的婚姻妥协，向流行的庸俗标准妥协，向名利妥协，向贫穷妥协，向虚伪妥协。太多的妥协使人们心力交瘁。多少生气勃勃的少年，长大后却是一副了无生气的面孔。一位女作家曾说：成年后的我总觉得自己像一只乌龟，每次探头都得小心翼翼。

人在低潮中，最易产生心力交瘁的感觉，这种倾向因人的性格分为彻底沮丧型和反击逆流型两种。悲观懦弱的人是前者最典型的代表。“这事我一定难以胜任，别人不知道会拿何种眼光来嘲笑我的失败？”如此这般在未开始时，已先将自己的失败，以及被人嘲笑的后果进行不必要想象，结果不仅不敢挑战所有事物，也拿不定主意，当然更不能坚强地面对逆境。

没有了热情，我们的生活味同嚼蜡。再没有少年唱着歌为英雄流泪，再没有人在一个陌生的寒夜里向你倾诉衷肠。成年人日复一日地苟且偷生，少年也倾心于浮华和轻松。

如果你不能保有一颗热诚的心，那将是一件很可怕的事。每当你想要进行某件事情时，根本还不曾试图去了解梗概，不是直觉地认为它太难了，就是抱着事不关己的态度。这时，你会连碰都不想去碰，更不用说去完成了。如此一来，所有在心中筹划已久的计划终将成为永远的幻想，没有实现的一天。

不管何时何地，你都要保持高度热诚，最好现在就开始。

如果能将它转化为生活的态度，你会发现自己的生活观念比以前更为积极，活得也更加快乐。

“热诚”的英文字来自于希腊文，意思是“上帝与我常在”。请你务必时时以热诚来面对生活中所有的事，让别人能够看到你发自内心的美。此刻起，开始和朋友分享你的热诚。

不管是国家，还是个人，没有热情便没有了希望。热情能使我们纯净，出污泥而不染，使人们摆脱庸俗，摆脱金钱的诱惑。

热情是心中的一支火炬，当它熄灭了，我们便不再相信真、善、美和奇迹，我们便陷入万劫不复的黑暗境地。艺术落入俗套，文学咬文嚼字，而我们的面孔，也因麻木而失去光彩。

重新燃起我们的热情吧，拿出重新入世的精神，向着麻木和虚伪，同自己的惰性作斗争。重新塑造一个全新的自我，这绝对是目前我们要做的。

见一位你心中景仰的名人

很多人心目中都有这样的一个人：你熟知他的一切，你以他为榜样，他是你生命中的一线光明，在遭遇挫折时，除了亲朋好友，你还会想到他。不，这并不是时下被说得泛滥的“偶像”，他是你真正景仰的人。

如果你真的有一个景仰的人，并且能够拜访到他，你会情不自禁地用上全部的真诚、全部的智慧和全部的努力，你的人生，也必然因那一刻而有所提升。

柴可夫斯基在第一次见到托尔斯泰后，就激动地写了如下的文字：

“1886年7月1日，我第一次去见托尔斯泰，心里惶惑不安，觉得十分害怕。我想，他只要瞧我一眼，就会把我心灵深处的秘密看透。在他面前，人绝不可能把自己心底里的邪念藏起来瞒过他。他会像一个医生检查病人的伤口那样，知道哪些部位最敏感。如果他仁慈（他该是仁慈的），便不会去触摸这些部位，只用神情表示他什么都知道了；如果他无情呢，他就会用手指头从最痛楚的地方戳进去。总之不管哪种情况，我都觉得可怕——不过他没有这样做。”

“这位最会透视人生的作家跟人相处的时候，显得单纯、直率而诚恳，一点也没有那种我原先害怕的‘洞察一切’的样子。无须‘提防’伤人，因为他压根儿不伤人。很明显：他不是要把我当做‘标本’来研究，而是只想跟我谈谈音乐。他对音乐极感兴趣。”

“……托尔斯泰坐在我旁边，听我弹奏我的第一部四重奏。我看见，眼泪从他面颊上流下来。在我此生中，作为一个作曲家，我也许是再也得不到比这更大的满足了。”

偶像崇拜是人类自身在不断进化演变过程中所传承下来的一种近乎于本能的心理和行为倾向，是人们将自己内心的愿望、欲求、理想、情感和信念向外的投射和放大，崇拜偶像实际上泄露了人们心底的渴望和梦幻。对于当今存在的“粉丝”、球星迷等大众群体，很多人在惊讶之余感到迷惑不解，仿佛这种群体的痴迷和大众的癫狂是当今社会的一种病态的流行和时代精神的失落。其实这种狂热之举早已有之，并且时常是以惊世骇俗的形式表现出来，在人类记忆的长河中留下了深深的印痕。

偶像崇拜心理在不同的人群里会有不同的表现。成年人心目中的偶像与青少年心目中的偶像有很大的分别，人们各自对偶像的崇拜和追求也不尽相同。年轻人的偶像崇拜会更为外露、奔放和充满激情，情绪的宣泄无所顾忌地溢于一言一行之中；成年人的偶像崇拜则较为含蓄、深沉和充满温情，情感的流露和表达往往点到为止或尽在不言中，内在自我的无穷回味远多于外在自我的曾经拥有。因此，追星一族偶像崇拜的痴迷和癫狂也就多出现于年轻一代的新生群体当中。

崇拜的力量是巨大的，因为人们总是赋予偶像理想化色彩，使自我实现的愿望

你想拜访的人是谁？写下你想对他们说的话。可给他们写封信或发一个邮件。

得到某种替代性的满足。

以明星为例，他们之所以使影迷们趋之若鹜，马斯洛揭示了其中的原因。他认为每个人都有一种自我实现的心理需要。所谓自我实现，就是一个人希望对自己的天赋、能力、潜力进行充分开拓和利用，最后获得成功。可是，生存在现实中的观众，由于种种条件限制，暂时做不到自我实现。他们一看到那些才智过人、逢凶化吉、终达目标的角色后，便下意识地把自我实现的愿望投射在装扮这些角色的明星身上，在虚幻的情境中，假想着自己就是裴勇俊，就是布拉德·皮特，并从中感受到视觉和精神的兴奋愉悦，不知不觉地与明星产生了感情维系，成为割舍不下的朋友。特别是一些情感上、精神上孤独的人，更是把明星作为自己心中的挚友，希冀着在观看他们的表演中得到深深慰藉……

普通人若想见到自己景仰的名人似乎是件很困难的事，但这并非就做不到。曾有一位农村青年，异想天开地给各个国家的领导人写信；一位中国的音乐爱好者给平生最仰慕、最热爱的世界著名指挥家写信，得到了数张音乐大师们亲手签名的照片，其中包括顶级大师卡拉扬。这些执著的人通过特有的方式与心中的偶像接触，这是他们一生难以忘怀的经历。当然，如果欲见不得，也了无遗憾，因为你尝试过了。

第20件事

改掉一个不好的习惯

培根在《论习惯》中告诫我们："人的思考取决于动机，语言取决于学问和知识，而他们的行动，则多半取决于习惯。"习惯的养成，并非一朝一夕之事；要想改正某种不良习惯，也不可以一蹴而就。有关专家研究发现，一般人要想改掉一个旧习惯，大概需要三个星期的时间。你必须给自己一段时间，来改掉你的坏习惯，如做事拖拉、不拘小节，甚至吸烟等等，然后以更好的方式取而代之。

你不要对改掉坏习惯这一点既向往不已，又心存疑惑，生活里要改进的地方很多，只要你做了，就会达到目的。

牙医告诫我剔牙和刷牙一样重要。如果不剔牙的话，我的牙龈病会更厉害，我一直打算剔牙，但老是拖延着不行动。

"好，就利用这三周改变自己的方法试试看。"我心里自忖。第一天算是最困难的了。第二天，第三天，剔牙这件事还是显得讨厌又麻烦。但第一个星期才过去，剔牙就成为上床前的例行公事了。

到了第三个星期结束，使我惊异的是，剔牙变得和刷牙一样容易不过了。我得意洋洋——因为我养成了一个好习惯。有了这样一个开头，我就能再接再厉，朝更困难的目标迈步了。

我一直打算多吃些有营养的东西，多吃些蔬菜和水果，少吃些甜食。于是我把该吃的列出表贴在冰箱门上，从精神上提醒自己。

说实在话，第一天的日子可不好过。我努力让自己忙碌些，但脑海里却翻腾着冰箱里的巧克力蛋糕和甜食盒里的奶油甜饼。第四天，全家吃蛋糕和甜饼，我却独自吃水果和蔬菜，我心里涌起一阵自尊的波浪。三个星期一过，习惯就固定下来了。我不再拼命吃甜食，我的体重减轻了5磅。不过，真正的考验还在后头。

我和丈夫凡尔近来相处得不好，我们不吵嘴，但我们之间几乎没有什么感情沟通。我知道，主要问题是我总对他挑刺儿。实在遗憾，我觉得他身上的毛病太多。我并不想成为一个唠唠叨叨的人，但往往控制不住自己，于是，凡尔对我关起心扉。这是怪不得他的，但我自己能不能改变呢？或者，我自己想不想改变呢？

我又画了一张“三周规划图”，决定试试看：每天我要在丈夫身上找出一个我觉得好的地方，并告诉他。

第一天就遇到了难题，我看凡尔有许多事都不顺眼，例如：为什么他吃过东西不收拾？为什么又把那件糟糕的衣服穿上了身？有一段时间我很难找到他什么好的地方。难道真连一点儿好的地方也找不出来吗？

不，当然不是。屋里有什么要修理，凡尔会敲敲打打，把东西修好。

“啊，你把电灯开关修好了，真不错。”我对凡尔说，语气中难免几分做作。

第二天，我又对凡尔说，他对我的缺点十分耐心，而没有像我对他那样唠唠叨叨，这真使我高兴。他笑了笑，那故意的一笑，真叫人别扭。

“看来，这方法行不通了。”我自言自语。

接下去的几天，我仍然觉得很难找到凡尔的优点。我开始觉得有些虚情假意，像一个机器人口是心非地说着好话。但随着三个星期一点一点过去，我在丈夫身上找优点变得容易起来。他为人诚恳，对孩子又耐心，为什么我只看到他的短处呢？

到了21天结束时，我简直不相信要表扬凡尔是多么轻而易举，一点儿也没有别扭的感觉，而凡尔看起来也确实与以前不同了。他对我也更加亲近，开始坦率地谈他的工作，谈他所关心的问题。实际上，到三个星期结束，他说是我显得和以前大大不同了。

“是的，”我说，“我最近一直努力克服我唠唠叨叨的坏习惯。”

凡尔很动感情地说：“难怪我觉得自己好多了，也觉得我们俩之间好多了。谢谢你的帮助，谢谢。我实在应该努力，做个更好的丈夫，做个更好的人。”

我十分激动，几乎说不出话来。后来，我向他解释了三周改变自己的规划和我的进展。凡尔说他也要试一试。（佚　名）

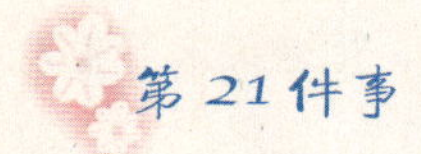

第21件事

到一个最贫穷的地方感受生活

你是否还是一个不谙世事、激情万丈的青年？你是否整日坐在办公室里，悠然地消磨时光？你是否只专注于个人事业的拓展，忽略了周围的众生？你是否已位高权重，他人对你仰而视之？那么，请你到一个贫穷的地方感受生活，喝一杯脏水，吃一顿蒙着灰尘的午饭，到当地人栖身的低矮小屋中看一看，你一定会从一个新的角度来认识自己。

有这样一位特别的母亲。

为了体验没有水的感觉，这位母亲带着上幼儿园的女儿从北京千里迢迢来到甘肃的定西。在汽车上，母亲告诉孩子她们马上就要到一个没有水的地方了。女孩便打算向骆驼学习，赶紧灌下一瓶牛奶。

在定西的老乡家里，母女俩从一口看似干涸的井中打起一桶水，那还是去年积下的雨水。村民告诉她们，因用水紧张，这水得循环着使用：先用来洗脸，然后再用来洗衣服，最后又用这盆脏水去喂猪。

女儿说："猪怎么能喝这样的水呢？"

妈妈反问："那你觉得应该给它们喝什么？"

"我给它们喝柠檬汁，给它们喂牛奶。"女儿一脸稚气，歪着头回答。

后来妈妈问她刚才从井里打上来的水能不能喝，女孩立刻回答："不能喝，不干净。"

"如果你很渴了呢？如果你两天没喝水了呢？也不喝吗？"

"不喝。"

不过那晚小女孩哭了，不是因为她太渴，这儿太苦，而是因为妈妈训斥了她。

这户老乡家数月来仅有的蔬菜便是土豆，为了招待远方来的客人，特地买来了韭菜。但当小女孩看到他们用那雨水洗菜、揉面时，她拒绝吃饭。

对她来说，毕竟再大的挑剔也抵不过口渴的难耐，于是她终于喝了两天来的第一口水。

每天早晨天气都有些阴沉，似乎一场雨即在眼前，给太久没下雨的土地及这两位远道而来的客人带来希望，可最终都破灭了。土地已干得裂出了一道道缝，农民们面临的将是颗粒无收的命运。

母女俩要回京了。女孩已和这儿的孩子结下了友谊，此刻的离去竟有些难舍。虽然那些孩子灰头土脸，衣着破旧，他们从未尝过水的畅快淋漓，但可贵的是他们纯真的童心和从单纯的眼中流出的晶莹的泪。

挥手告别黄土地，把那里的贫穷落后留在身后，却把一种体会留在心里。年轻的母亲要让女儿体验的，我想应该不只是水的珍贵。什么是爱心？那不是打电话到新闻媒体去告诉他们“我要献爱心啦”，也不是在镁光灯的闪烁之下向某慈善机构捐款，而是不漠视、不鄙夷生活条件不如我们的生命的存在，是通过自己的努力去帮助别人，同时自己也怀着颗感激之心去生活。（高　翔）

如果你不曾了解脚下泥土的博大，不曾了解荒原野草的芬芳，不曾了解江底碎石的激昂，不曾了解那些最底层的感动，那么即使你有幸面对壮丽，你也注定苍白。

当一个社会进入更为高级、更为文明的时代，人们追求属于自己生命的天地，这是人生一大乐趣，也是人生一大喜悦。但是，当我们站在一个更高的起点上，把目光移向我们所走过的路程，去俯视一下社会民间，我们会发现：在社会最底层有一个特殊的群体，他们曾受到愚弄和不平等的待遇，受到过欺骗和不公平的指责，遭到过失败，面临绝境，甚至流过委屈辛酸的眼泪，当然，也品尝过成功后的喜悦，真可谓有过“几多荣辱沉浮，几度盛衰兴亡”，历尽千辛万苦，带着人生的创伤，举步维艰，最终克服了人生一个又一个障碍，向命运的极限挑战，与苦难较量，他们是生活中的乐观者，是卑微愿望的满足者，也是热爱生活的人。

只要肯把手弄脏，真正体验为生存而奔波的人们的苦与乐，你会从普通劳动者身上汲取到宝贵的人生财富，会得到信心、毅力和克服困难的勇气，会在有所成就后得到真正的快乐。

正如花会凋谢，
正如青春消逝，
生命的每一个阶段，
亦复如是。
我们必须离乡背井，
否则便要受到终身监禁，
心啊，
就是这般，
要不断告别辞行。

第22件事

读完1000本书

阅读，应该成为每个人生活的一部分。如果你沉浸于书中，你就会体验到文字有多么重要。在所谓的信息时代，分散人们注意力的事情太多了：电视、互联网，以及各种游乐活动，以至于许多人忘记了阅读的乐趣和那种使人流连忘返的享受。

美国前总统罗斯福的夫人曾说："我们必须让我们的青年人养成一种能够阅读好书的习惯，这种习惯是一种宝物，值得双手捧着，看着它，别把它丢掉。"每天阅读15分钟，这意味着你将一周读半本书，一个月读两本书，一年读大约20本书，一生读1000本或超过1000本书。这是一个简单易行的博览群书的办法。如果专注于某一领域，你会在几年内就轻松地成为一名学识广博的专家。

一些有智慧的人告诉我们，只要我们的心灵开放到某种程度，生命经验就能融会贯通，一切该知道的事统统了然于胸。

不过在这同时，对于我们这些仍在努力的奋进者来说，适度的阅读仍是必要的。书籍是无价的宝库，能启发我们，鼓励我们，提供给我们大量有益的信息，也能劝诫我们，肯定我们，指引我们继续向前迈进。

假定你是一个中等水平的读者，你可以以每分钟150字的速度读一本一般性的书籍。就多数小说、传记、游记以及有关个人爱好和兴趣方面的书而言，每分钟读150字，理解并欣赏那些文字，对你来说应该是不成问题的。

假如一个中等水平的读者读一本一般性的书，每分钟能读300字，15分钟就能读4500字，这样一年就可以读20多本书，这个数目是非常可观的，比从美国公共图书馆借书的人的阅读量大三倍，并且这个数目并不难实现。

没有任何一种普遍适用的公式。我们每个人必须找出自己每天的15分钟。最好是每天有固定时间，这样所有其他的空闲时间就都是额外的收获了。找到额外阅读时间的机会确实是很多的，而且是意想不到的。也许恰巧有位朋友不请自到，使得桥牌桌上多了一个人，而你恰好手边有一本有趣的书，也使得你尽管没有打成牌却也过得很愉快。

唯一需要的是读书的决心。有了决心，不管多忙，你一定能找到这15分钟。同时，手边一定要有书。一旦开始阅读，这15分钟里的每一秒都不应该浪费。事先把要读的书准备好，穿衣服的时候就把书放在衣袋里，床头放上一本书，卫生间放上一本，饭桌旁边也放上一本。书架上、书桌上，永远不能让书本缺席，即使汽车里的物品箱、摇椅的旁边，任何地方都应该放些好书，并有规律地阅读。

当你心生烦恼和忧愁或觉得形单影只，或觉得受到委曲、沮丧，有怨恨情绪时，请把与你心境有关的书籍抽出来阅读。

滋润灵魂的精神食粮，永远不嫌多。

读书是有关灵魂的事情，每一本书都是一个用黑字印在白纸上的精灵，只要用眼睛、理智接触了它，它就活起来了。

照一张全家福

在我们的影集里会有一张旧时的全家福，泛黄的照片上，是年轻的父母和涉世未深的自己。岁月流转，我们长大了，有了自己的儿女，父母也老了，我们变成了父母当年的模样。

无论你离家多远，无论你多么忙碌，请你找一个好日子，带着全家老少，到照相馆或公园里照一张全家福。把儿时的全家福和现在的全家福摆放在案头，时时提醒自己，不要因为自己的忙碌而让最爱你的人生活在期盼、等待之中。爱家人，是你能做到的最简单也最有意义的事情。

父亲特别爱照相，尤其喜欢照全家福。

我们家的全家福特别多。我们年少时，因为物质条件的匮乏，照相是一件难得的事，只要父亲一建议，我们姐弟俩总是兴高采烈地跟父母一起，乖乖地听从摄影师的指挥，“抬头”、“笑一笑”、“靠近点儿”……我们姐弟俩的照相姿势随着年龄的增长不断变化，上学以前的全家福，我们被父母幸福地揽在怀中；小学时的全家福，我们在父母前面的两条小板凳上端端正正地坐着；自从上初中以后，我们就站到了父母的背后，双手轻轻地放在父母的肩上，样子很严肃。

在那个贫穷的年代，照全家福是件奢侈的事，我们也只能隔几年照一次。如今，生活条件好了，照全家福已经是再平常不过的事。自从我参加工作，每年春节父亲一定要组织全家老少去照相馆照张七寸彩色全家福。可是，我们姐弟俩每次都表现得很淡漠，我们埋怨放着家里好端端的相机不用，非要到照相馆正儿八经地做些生涩的表情。不管我们如何表现，都无法打消父亲的积极性，春节照全家福已成了一条雷打不动的“家规”。

一年一度的全家福尺寸不变，但是人员在增加。从原来的四口之家，到我和弟弟各自成家、生儿育女。每次去照相馆前，母亲总要“对镜贴花黄”，父亲穿上西装戴上领带，宛如举行婚礼般隆重。随后他们满脸幸福地拉上外甥、孙女，我们四个年轻人跟随其后，“大部队”开向照相馆。

年年岁岁花相似，岁岁年年人不同。孩子们一年一年长高，我们越来越成熟，父母在不知不觉中变老，一张张全家福就是我们全家无数个幸福瞬间的串联。

我平时很少翻看全家福，直到有一天，朋友翻看着我们家的影集，面对一张张全家福，她欣羡得不得了。在她的记忆中，只有小时候跟父母一起照过一张全家福，自从她父亲去世后，全家人再也没有一起照过相，因为福已不全。那时，我才领悟到全家福的真正含义，才理解父亲的良苦用心。是啊，一家人健康即是福，亲情是世界上最温暖的阳光，无论我年龄多大，走得多远，能与父母、儿女一起照张全家福，就是幸福。

我希望我们的全家福一年一年永远传递下去。（米　陀）

一家三口拍张合影不是传统意义上的全家福。老式全家福是颇有些讲究的，谁坐前排，谁站后排，有一种家庭秩序的美感和庄严，而且一定是在照相馆里面拍的，摄影师首先要了解大家庭的基本结构，也要懂得一些男左女右之类的规矩。

早些年，中国人的家里少不了要挂一张这样的全家福：祖父母抱着小孙子在当中正襟危坐，儿子、儿媳、女儿、女婿一家一户分列两边或者层层叠叠。如今，当照相不再是一项奢侈的消费，全家福的号召力就开始降低了。忙碌的生活使家人难得聚在一起，即使聚齐了，大家也忙着吃饭、搓麻将，拍照？下次吧，拍照什么时候不可以呢？于是什么时候都可以做的事情，却什么时候都不做。

很多游子在想家的时候会感慨，连张全家福都没有；而父母念叨着要照张全家福的心愿，经常会成为他们一辈子的遗憾。

其实，照全家福是多么有意义的事啊，它把家庭一个时间的状态定格住了，它与族谱不同，全家福是生动的纪念品，彼时彼地，父母头上是青丝，自己身上是花袄，而此时此地，境况又是如此的不同！照一张全家福吧，全家福带着的，永远都是淡淡的温暖，它能够让我们在翻看相册的时候，感受到家庭血脉与情感传递的生生不息。

培养一种个人爱好

“沉浸”的另一种说法可以是“迷失”，如果你拥有一种爱好，常会体味到“迷失”之乐。当你专注于自己的爱好时，大脑好像停止运转了——再没有什么活动能让大脑休息得这么彻底。“爱好”是度过闲暇时间的一种有趣的方式，也是寻求乐趣的一种活动。它就像一个由你选择的特殊朋友，它吸引着你，你也喜欢它，并愿意为它花费精力。“迷失”是种很棒的感觉，当你发现有件事情可以让你全神贯注时，千万别错过了。

我爱花，所以也爱养花。我可还没成为养花专家，因为没有工夫去做研究与试验。我只把养花当做生活中的一种乐趣，花开得大小好坏都不计较，只要开花，我就高兴。在我的小院中，到夏天，满是花草，小猫儿们只好上房去玩耍，地上没有它们的运动场。

花虽多，但无奇花异草。珍贵的花草不易养活，看着一棵好花生病欲死是件难过的事。我不愿时时落泪。北京的气候，对养花来说，不算很好。冬天冷，春天多风，夏天不是干旱就是大雨倾盆；秋天最好，可是忽然会闹霜冻。在这种气候里，想把南方的好花养活，我还没有那么大的本事。因此，我只养些好种易活、自己会奋斗的花草。

不过，尽管花草自己会奋斗，我若置之不理，任其自生自灭，它们多数还是会死了的。我得天天照管它们，像好朋友似的关切它们。一来二去，我摸着一些门道：有的喜阴，就别放在太阳地里；有的喜干，就别多浇水。这是个乐趣，摸住门道，花草养活了，而且三年五载老活着、开花，多么有意思呀！不是乱吹，这就是知识呀！多得些知识，一定不是坏事。

我不是有腿病吗，不但不利于行，也不利于久坐。我不知道花草们受我的照顾，感谢我不感谢；我可得感谢它们。在我工作的时候，我总是写了几十个字，就到院中去看看，浇浇这棵，搬搬那盆，然后回到屋中再写一点儿，然后再出去，如此循环，把脑力劳动与体力劳动结合到一起，有益身心，胜于吃药。要是赶上狂风暴雨或天气突变，就得全家动员，抢救花草，十分紧张。几百盆花，都要很快地抢到屋里去，使人腰酸腿疼，热汗直流。第二天，天气好转，又得把花儿都搬出去，就又一次腰酸腿疼，热汗直流。可是，这多么有意思呀！不劳动，连棵花儿也养不活，这难道不是真理么？

送牛奶的同志，进门就夸“好香”！这使我们全家都感到骄傲。赶到昙花开放的时候，约几位朋友来看看，更有秉烛夜游的神气——昙花总在夜里放蕊。花儿分根了，一棵分为数棵，就赠给朋友们一些；看着友人拿走自己的劳动果实，心里自然特别喜欢。

当然，也有伤心的时候，今年夏天就有这么一回。三百株菊秧还在地上（没到移入盆中的时候），下了暴雨。邻家的墙倒了下来，菊秧被砸死者约三十多种，一百多棵！全家都几天没有笑容！

在山石组成的路上，
浮起一片小花，
它们用金黄的微笑，
来回报石头的冷遇，
它们相信，
最后，石头也会发芽，
也会粗糙地微笑，
在阳光和树影间，
露出善良的牙齿。

有喜有忧，有笑有泪，有花有实，有香有色，既须劳动，又长见识，这就是养花的乐趣。（老　舍）

无论住在什么地方，有无特殊兴趣和技能，你都会找到一种适合自己特点的爱好。也许你的爱好是收集，纽扣、书、邮票、岩石、矿物、蝴蝶标本、贝壳、布娃娃、明信片等等都是可供收藏的对象，还可以收集扇子或古董。如果你愿意动手，那么可以做串珠、皮革工艺品或各式模型。也许你的爱好是创造性的工作，像绘画、泥塑或肥皂雕刻。要是你有户外活动的爱好，可以去划船或徒步旅行。

假如你真的被一种爱好所吸引，这种爱好也许会伴随你的一生。爱好有你起初意想不到的好处：一种爱好能使你产生自始至终都依靠自己的满足感，看看自己的全部劳动成果——你做的凳子或织的围巾，这些会使你感到自豪。你还会发现，当醉心于某种爱好时，即使独自一人也不会感到寂寞。

当你选择好了你所感兴趣的爱好时，它会时时给你快乐，并引导着你走向充满希望、富有创造性的未来。

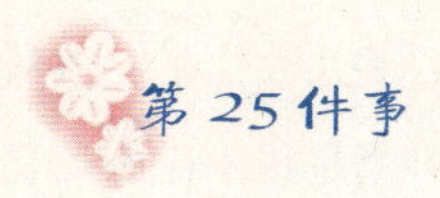

第25件事

学会一种乐器

许多人都想拥有一件乐器，然后学会它，钢琴、小提琴、吉他、琵琶、长笛……在点着烛光的房间里，可以尽情地为自己、为亲人演奏，这是多么美妙的场景啊！当然，对于大多数人来说，欣赏音乐亦是一种人生的极致。心情不好时听一段喜欢的音乐，消磨一个下午，让自己的思绪随着音乐飘荡、缓缓地进入梦乡，一觉醒来，发现烦恼已烟消云散了。

音乐是一种心境，它会为你的生活装点出神奇的色彩。

我还记得那天父亲费劲地拖着那架沉重的手风琴来到屋前的样子。他把我和母亲叫到起居室，把那个宝箱似的盒子打开。“喏，它在这儿了，”他说，“一旦你学会了，它将陪你一辈子。”

我勉强地笑了一下，丝毫没有父亲那么好的兴致。我一直想要的是一把吉他，或是一架钢琴。当时是1960年，我整天守在收音机旁听摇滚乐。在我狂热的头脑中，手风琴根本没有位置。我看着闪闪发光的白键和奶油色的风箱，仿佛已听到我的哥儿们讲的关于手风琴的笑话。

接下来的两个星期，手风琴被锁在走廊的柜橱里，一天晚上，父亲宣布：一个星期后我将开始上课了。我难以置信地看着母亲，希图得到帮助，但她那坚定的下巴使我明白这次是没指望了。

买手风琴花了三百块，手风琴课一节五块，这不像是父亲的性格。他总是很实际，他认为，衣服、燃料，甚至食物都是宝贵的。

我在柜橱里翻出一个吉他大小的盒子，打开来，我看到了一把红得耀眼的小提琴。“是你父亲的。”妈妈说，“他的父母给他买的。我想农场的活儿太忙了，他从未学着拉过。”我试着想象父亲粗糙的手放在这雅致的乐器上，可就是想不出来那是什么样子。

紧接着，我在蔡利先生的手风琴学校开始上课。第一天，手风琴的带子勒着我的肩膀，我觉得自己处处笨手笨脚。“他学得怎么样?”下课后父亲问道。“这是第一次课，他挺不错。”蔡利先生说。父亲显得热切而充满希望。

我被吩咐每天练琴半小时，而每天我都试图溜开。我的未来应该是在外面广阔的天地里踢球，而不是在屋里学习这些很快就忘的曲子。但我的父母毫不放松地把我捉回来练琴。

逐渐地，连我自己也惊讶，我能够将乐符连在一起拉出一些简单的曲子了，父亲常在晚饭后要求我拉上一两段，他坐在安乐椅里，我则试着拉《西班牙女郎》和《啤酒桶波尔卡》。

秋季的音乐会迫近了。我将在本地戏院的舞台上独奏。“我不想独奏。”我说。“你一定要。”父亲答道。“为什么?”我嚷起来，“就因为你小时候没拉过小提琴?为什么我就得拉这蠢玩意儿，而你从未拉过你的?”父亲刹住了车，指着我：“因为你能带给人们欢乐，你能触碰他们的心灵。这样的礼物我不会任由你放弃。”他又温和地补充道，“有一天你将会有我从未有过的机会：你将能为你的家庭奏出动听的曲子，你会明白你现在刻苦努力的意义。”

我哑口无言。我很少听到父亲这样动感情地谈论事情。从那时起，我练琴再不需要父母催促。

音乐会那晚，母亲戴上闪闪发光的耳环，前所未有地精心化了妆。父亲提早下班，穿上了套装并打上了领带，还用发油将头发梳得光滑平整。

在剧院里，当我意识到我是如此希望父母为我自豪时，我紧张极了。轮到我了。我走向舞台中央那把孤零零的椅子，奏起《今夜你是否寂寞》。我演奏得完美无瑕。掌声响彻全场，直到平息后还有几双手在拍着。我头昏脑胀地走下台，庆幸这场酷刑终于结束了。

时光流逝，手风琴在我的生活中渐渐隐去了。在家庭聚会时父亲会要我拉上一曲，但琴课停止了。我上大学时，手风琴被放到柜橱后面，挨着父亲的小提琴。

它就静静地待在那里，宛如一个积满灰尘的记忆。直到几年后的一个下午，被我的两个孩子偶然发现了。

当我打开琴盒，他们大笑着，喊着：“拉一个吧，拉一个吧!”很勉强地，我背起手风琴，拉了几首简单的曲子。我惊奇于我的技巧并未生疏。很快地，孩子们围成圈，咯咯地笑着跳起了舞。甚至我的妻子泰瑞也大笑着拍手应和着节拍。他们无拘无束的快乐令我惊讶。

父亲的话重又在我耳边响起：“有一天你将会有我从未有过的机会……你会明白你现在刻苦努力的意义。”父亲一直是对的，抚慰你所爱的人的心灵，是最珍贵的礼物。（韦恩·卡林）

第26件事

观察一次众生百态

一位诗人曾说：人生中重要的往往是迂回的羊肠小径，而非直达目标的阳光大道。的确，人生的幸福和欢乐就蕴藏于平凡生活的细微处，当你饶有兴致地站在街道边望街景，当你偶然间迷路，当你在旅途中绕路而行……你就会发现最美妙的人生景致，以及最美好的自己。

一只小哈巴狗牵着它的主人走，主人又牵着主妇，主妇牵着三岁的小男孩。

一个卖蛋饼的小摊子上，一个六个月大的婴儿被背在母亲的背兜里，他的双颊是更嫩更甜的蛋饼。

一个骑自行车的少年，十四五岁吧，顺便伸出左脚来，踢飞了一只滚过身边的小皮球。

一只红色的气球升了空，在大太阳底下，宛如一个小太阳。

一位77岁留白胡子的老人，用年轻的声音呼叫他家的小猫“玛利”。玛利大概是到远处的邻家去找男朋友了。

一个留长发的搂着另一个留长发的，一路踢踏得很潇洒。走近了才看清楚，左边是女的，右边是男的——违反了男左女右的传统。

一个女大学生穿着T恤、牛仔裤，胸口有三个大红的英文字“I LOVE YOU”。迎面而来一个大鼻子的高个儿，衬衣上大书“WELL”。两人擦肩而过，相视一笑。

大学生甲对大学生乙说：“今天下午赶两场，电影、舞会。没有时间赶去上课，你代我签个名吧。反正班上人多……”说着瞄了一眼街边百货公司的橱窗。

一个摩托车骑士在抢黄灯时掉落了黄色的安全帽。他的后座置物篮中有一本半脱封皮的黄色小说。

一只蜜蜂在红绿灯前慌了手脚，迷了方向，只好暂时停歇在交通警察的头盔上。

欣欣公司的司机趁红灯时间喝了一口龙井茶，津津有味地咂着嘴。

一位母亲推着婴儿车在人群中前进。那小婴儿顺手把口水抹在旁边一位阿姨身上。大人们没有察觉，小婴儿自顾自地笑了。

太阳隐进云里去了，一只麻雀在电线上唱了一段不成旋律的曲调。一位阿兵哥抬头望望它，想起今晚连续剧的主题曲……（张　健）

你是个观察家吗？假如你坐在餐厅或购物中心的长凳上，你会为所见到的人、事、物编织故事吗？

我可以肯定地说，你一定曾有过这样的经历。我不是要教你偷窥别人的隐私，而是在教你如何观察、如何编故事，好让生活里多点儿想象空间、多点儿乐趣。

假如你不小心迷路了，在最初的迷乱过后，你会不会觉得开心不已呢？在五光十色的街灯照耀着的小广场上，你邂逅了一些人，你也许会得到一点东西：一双手套、一枝玫瑰、一张纸、一次微笑、一颗星光……然而，构成生活的除了这些东西外，还有什么呢？

人们之所以会如此不同，是因为他们身上会散发出令人欣喜的独特风格，而这些是在别人身上看不到的。这独特的风格是从何而来的呢？每个人都会面临生活的挑战，而生活里有欢乐，也有幸福，就是这些人间悲喜织成了这种风格。

从这肉眼可见的风格里去推论他们是什么样的人、经历过什么样的事，你不仅可以体味众生百态，还会被生之乐趣深深感染，更会使你觉得这是生活的一部分，和不同类型的人接触，是多么有趣啊！

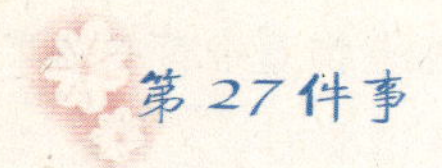

第27件事

为父母过一个难忘的生日

你年幼时，他们欢欢喜喜地为你办周岁宴；你童年时，他们费尽心思地为你准备生日礼物；你长大了，有了自己的朋友，他们为你和朋友们筹备了生日聚会，自己默默退出了房间；后来，你工作了，结婚了，你的生日他们再也参与不进来，只能在电话里说一声“孩子，生日快乐”……

在你理所应当享受这一切的时候，可曾想过为父母过一个像样的生日？现代的父母都很好“骗”，古人说“父母在，不远游”才算“孝”，而现代，儿女给父母的一句生日祝福、一件礼物、一个生日聚会，就会让父母感念一辈子。

现在就开始计划吧，在父母下个生日到来时，给他们一个惊喜。

刚入台北师范艺术科的那一年，我好想家，好想妈妈。

虽然，母亲平日并不太和我说话，也不会对我有些什么特别亲密的动作，虽然，我一直以为她并不怎么喜欢我，平日也常会故意惹她生气；可是，一个14岁的初次离家的孩子，晚上躲在宿舍被窝里流泪的时候，呼唤的仍然是自己的母亲。

所以，那年秋天，母亲过生日的时候，我特别花了很多心思做了一张卡片送给她。在卡片上，我写了很多，也画了很多，我说母亲是伞，是豆荚，我们是伞下的孩子，是荚里的豆子，我说我怎么想她，怎么爱她，怎么需要她。

卡片送出去以后，自己也忘了，每次回家仍然会觉得母亲偏心，仍然会和她顶嘴，惹她生气。

很多年过去了，等到自己有了孩子以后，才算真正明白了母亲的心，才开始由衷地对母亲恭敬起来。

十几年来，父亲一直在国外教书，只有放暑假时偶尔回来一两次，母亲就在家里等着妹妹和弟弟读完大学。那一年，终于，弟弟也当完兵又出国读书去了，母亲才决定到德国去探望父亲并且留下来。出国以前，她交给我一个黑色的小手提箱，告诉我，里面装的是整个家族的重要文件，要我妥善保存。

黑色的手提箱就一直放在我的阁楼上，从来都没想去碰过，一直到一天，为了找一份旧户籍资料，我才把它打开。

我的天！真的是整个家族的资料都在里面了。有外祖父早年那些会议的相片和札记，有祖父母的手记……然后，我就看到我那张大卡片了。用红色的圆珠笔写的笨拙的字体，还有那些拼拼凑凑的幼稚的画，一张用普通的图画纸折成四折的粗糙不堪的卡片，却被母亲仔细地收藏起来了，收在她最珍惜的位子里，和所有庄严的文件摆在一起，收了那么多年！

卡片上写着的是我早已忘记了的甜言蜜语，可是，就算是这样的甜言蜜语也不是常有的。忽然发现，这么多年来，我好像也只是画过这样一张卡片。长大了以后，常常只会去选一张现成的印刷好了的甚至带点香味的卡片，在异国的街角，匆匆忙忙地签一个名字，匆匆忙忙地寄出，有时候，在母亲收到的时候，她的生日都已经过了好几天了。

我们通常不会留心父母给予我们的爱，但是他们的爱在我们身上留下了印记，不论我们走到哪里，这些印记都会伴随着我们，给我们带来温暖和力量。

所以，这也许是母亲要好好地收起这张粗糙的生日卡片的最大理由了吧，因为，这么多年来我也只给了她一张而已。这么多年来，我只会不断地向她要求更多的爱，更多的关怀，不断地向她要求更多的证据，希望这些证据能够证明她是爱我的。

而我呢？我不过只是在 14 岁那一年，给了她一张甜蜜的卡片而已。

她却因此而相信了我，并且把它细心地收藏起来，因为，也许这是她从我这里能得到的唯一的证据了。

在那一刹那里，我才发现，原来世间所有的母亲都是这样容易受骗和容易满足的啊！

在那一刹那里，我不禁流下泪来。（席慕蓉）

子曰："父母之年，不可不知也。一则以喜，一则以惧。"做子女的对父母的年龄不能不知道，铭记着父母的生日，这其中有两重含义：一是为父母的寿命又添了一岁而高兴；与此同时又为父母担心，父母年岁越高，距离人生的终点就越近，儿女与父母相处行孝的时间也就越短了。

父母口口声声说不爱过生日，而此时的儿女也特别听话，说什么就是什么。岂不知，少年的生日可以不过，老年的生日却一定要过。生日是一个人的生命痕迹，是人生的阶段性印记。老人的生日是生活的恋歌，犹如辉煌的落日，在炫目金色中浸润着淡泊的宁静和依依不舍的忧愁。老年人已进入人生的"丧失期"，因而为他们过生日就显得弥足珍贵。所以，我们更有理由记住父母的生日，因为这意味着记住了自己的责任、爱心和孝心，更记住了父母的恩情。

第28件事

与你的爱人签一份盟誓书

请仔细地品读你的婚姻，仔细地审视婚姻中的你自己，再以充满欣赏的目光审视陪伴了你若干个平淡日子的他（她）。婚姻之舟停泊在风平浪静的水面上——它是脆弱的，除非它承载着满舱的深情与爱恋。为了保持美满婚姻，付出你的努力吧！

1997年5月，台湾出现了一纸含意深刻的《结婚人盟誓书》。

新郎：

新娘：

我们二人谨定于____年__月__日__时，在_______举行结婚典礼，写下海誓山盟，终身遵守。在婚姻路上，共同经营，灾难病痛，互相扶持，永不分离。并就下列事项，立下承诺，即令沧海化为桑田，桑田再化为沧海，也要携手共进，相亲相爱，直到白头。

我们宣誓：从结婚这一天开始，不但成为夫妻，互相敬爱，分担对方的快乐和忧愁，也同时成为朋友，而且是诤友，互相勉励，互相规劝，互相批评。

我们领悟：愉快的共同生活，全靠心灵沟通，所以，我们一定善用言语，不仅表达爱心、关心，也使彼此借语言加深了解，共同成长。决不粗声叱责，决不用肢体代替言语，决不允许发生婚姻暴力。

我们认知：家庭与事业是夫妻共同经营的果实，夫妻对家庭的贡献等值，在家庭内或社会上，价值完全相同，工作薪俸无论多少，家务工作的薪俸都与其相同。

我们同意：将来我们有子女，管教上如果有不同的意见，甚至有尖锐对立的意见，一定会克制自己，去请教专家，决不把孩子当成实现自己希望的工具，也决不用孩子来炫耀自己。

我们认为：一夫一妻制，是社会安定的磐石，是孩子们成长最安全的温床，我们喜爱并尊重这种制度，并用事实和行动维护它的尊严。

我们警惕：婚姻生活并不多姿多彩，它不但平凡，而且琐碎，如果不滋养珍惜，容易使生命憔悴，心灵伧俗，所以生活之中，我们一定保持适度的假期，与孩子一起成长。

我们谨记：我们孝敬自己的父母，也孝敬对方的父母，不仅是回报养育之恩，也是培养自己人格的完整，为我们的下一代立下榜样。

我们了解：我们将来会老，所以，我们从结婚这一天，就培养专业之外的其他艺术兴趣，如书、画、音乐，使我们的生命永远充实灿烂。

总结以上八点，我们虽不能马上做得完美，但我们会耐心追求，永不沮丧，永不停止。

到心仪的地方旅行一次

年少的时候，每个人都有着“去远方”的梦想，但是，繁忙喧嚣的工作、生活、家事，微薄可怜的工资、存款，一点一点地吞噬着我们年轻的梦想。

有空的时候没钱，有钱的时候没空，等到时间和钱都具备的时候，大多数人已经到了意兴阑珊的老年，再也很难拔出脚出门了。

还是不要把梦想束之高阁吧。年轻的时候，别让自己的脚步停止在灰暗嘈杂的办公室的天空下，别把自己的心拘束在家长里短的狭小环境中。至少去一个你的梦想之地，当你达到那个高峰、平原或者湖泊，你才会真切地体会到造物主的伟大。世界很大，而人，很小。

那个下午已经远去了，那个端坐于四方街长椅的女子早已回到尘世的轨道上了。但那片古巷的古檐、岩缝中喷涌出而又串街走巷的泉水及青石路面等场景却一直萦绕在眼前，让人挥之不去弃之不得。

尽管只有30分钟，但那一个恍如隔世的午后，迅速蔓延。那个天籁的灵魂，莫非游荡入我的体内并掠走魂魄?

无法想象的是在世界上有这么一个去处：朱红色的木门木窗，一律上挑的房檐，檐下一长串椭圆形的灯笼；一尘不染的洁净的街道；黑红色的精巧的小椅小桌设在黑红的栏杆旁，趴在栏杆上可以看从脚下穿过的涓涓溪流，溪流下淡绿的青苔。

而我有幸来到这里，一下子仿佛走入梦境！丽江古城四方街的古树下长椅上安放了一个多日漂泊的魂灵，在那个恍如隔世的午后。

到万古楼听鸟叫，与丽江老头儿搭话；吃一碗黄豆面；拜访一位名人隐士或狂人；或站在远处观察一位丽江老太；或进一个院子里发呆；或呷一口丽江的井水，坐卧在黑红色长椅上看游走的人群，听潺潺的水声；或尽情地睁大新奇的眼睛不停地走街串巷，然后发现一条属于自己的小巷，并沉醉其中；或淘得一身和谐的粗布衣，穿起来就走，继续去寻找另一份新奇……

这都是因为生命的30分钟在那个叫做丽江四方街的地方停留后的痴想。

幸好还有梦想，幸好仍有一方土地可供我们去构建这样的一座城堡，供自己游弋、闲坐、发呆！在疲惫的奔波后，幸好还有这样一个地方。

于是我想说，记忆里有过那个恍如隔世的午后，生命里将长存那段恍如隔世的时光。（张　静）

一个人走过的路越多，他的生命就越精彩，这似乎印证了一句话：熟悉的地方没有风景。一成不变的日子里，不会再有令人感动的风物扑面而来；琐碎的生活中，心底的激情已找不到燃点。正如古代西方哲学家圣奥古斯丁曾说过的："世界就像一本书，不去旅行的人只读到了其中的一页。"

旅程是多么令人精神振奋啊！每天都有新的世界在等着你，让你去发现，去寻找：艺术、建筑、富有情调的音乐舞蹈、变换的风景，还有那么多的新朋友，这是一种多么刺激的生活方式！也许我们改变不了周围的环境，但可以改变自己；我们改变不了过去，但可以改变现在；我们改变不了生命的长度，但可以改变生命的宽度。如果说人生是一段旅程，起点是生，终点是死，那么，那种永不放弃的发现与寻找就是最美丽的过程。

虽然为世俗所羁，我们不能走遍世界的每一个角落，但我们可以作出一种个性化的、富有魅力的选择，让每一次出行都成为一次心灵的历险、一次文化的探索、一次历史的追寻。在我们身居的世界中，有许多地方，静静地竖立在地平线上，这些地方的价值不在于其物质的丰盈，而在于其厚重的文化底蕴。走近这些一生至少应去一次的人间胜地，我们可以感受到灵魂的战栗，被现代生活节奏所压抑的心灵也会得到抚慰、安宁和满足。

既然你选择了目的地，就要学会接受那里不同于你的习惯的事物。你离开家，不就是想寻找一个不同的世界吗？为什么不享受这种不同呢？

第30件事

在陌生环境中生活一段时间

如果你很年轻，想没想过不带钱或带很少的钱到陌生的环境中，运用自己的谋生技艺生存一段时间？这对你而言，是一种生存能力的检验。

有这样一个故事：一个人在尚未进入大学之前，他想为自己安排一趟海外学习之旅。他背着背包，带着少许的钱，来到一个非洲不知名的小岛上。这个小岛拥有淳朴的民风、自然的景致，让人心旷神怡。离开前，他想为自己买些纪念品。于是他用10美金买了一大袋咖啡豆。因为一个意外，他的钱不见了。他身上只剩下这一袋咖啡豆。他居然靠着贩卖这袋咖啡豆游遍欧洲！所以，他决定暂缓自己的学业，专心地开发咖啡豆的事业，现在，他就是那个世界最有名的咖啡商。

尝试去做自己应该做的事情，并告诉自己，这事必会使你成长。

不带一分钱或带很少的钱出门，逼着自己打破传统思路，尝试一些你从来没遇到过的事物。以往，你吃、住、行都离不开金钱，现在失去了经济保障，你用什么办法使自己吃饱、睡好、有力气走路呢？

检验自己的生存能力，固然要检验自己吃苦耐劳的能力，但你不可能长期生活在一个极恶劣的环境里，你要有起码的人的生活。没有钱，你只能向他人请求、索取。所谓生存能力也包含这方面的内容。与此同时，你也可以通过自己的劳动生存，所以，一定要尽可能地掌握谋生的技艺，这样即使在最困难的环境中，也足以养活自己，维持生存。

到陌生的环境中去自食其力，这是人们检验自己的生存能力的一种好方式，其意义绝不仅在于让你能够经受住饥饿寒冷的考验。更重要的是，从中学到与人打交道的本事，这种本事也是生存能力的一部分。

旅行中，除去吃、住、行，你还会见到许多陌生人，从接触人的广度和深度来讲，即使不是你今生中绝无仅有的，也是最重要的一次。

在动物界，狼是一种非常聪明的动物。如果让单个的狗与单个的狼搏斗，败的肯定是狗。虽然狗与狼是近亲，它们的体型也难分伯仲，但为什么败的总是狗呢?因为经过人类长期豢养的狗，不必面对生存的危机，其脑容量大大小于狼，而生长在野外的狼，为了生存，它们的大脑被很好地开发，不但非常有创造性，而且有着异常的生存智慧。

事物的法则，永远是用进废退。这是颠扑不破的真理。动物如此，人类又何尝不是如此。一个人，要想在异常激烈的社会竞争中不被淘汰，还是有一点危机意识的好，这样，我们就可以未雨绸缪，主动出击，多一点儿生存的技能与智慧，对未来就多几分机会与把握。万事皆有惰性，一旦条件优越，就难免不思进取。

一个人总是要面对陌生的环境——陌生的风景，陌生的人，陌生的一切。这是一个奇妙的旅程，如果你有小小的恐惧，那么，给自己一分钟的时间哀伤。然后，挺起胸膛，勇往直前。请相信，你会在这个旅程中发现连自己都难以置信的力量。

第31件事

参加一次同学聚会

与多年不见的同学相聚，会满足我们心底温馨的怀旧情结，使我们感到自己不仅仅拥有一个现实，同样还拥有一部历史。

在这部历史大书里，印有你青春时代的照片。仔细端详这张老照片，你在感慨光阴似箭的同时，又为自己拥有今日的生活而感到自豪。在同学聚会的日子里，你变得年轻而充满朝气。这时候你记忆之中的往事几乎都是美好的，时间成了一只巨大的过滤器，那些遥远的回忆令你激动不已，甚至那些令人不快的往事，都早已被蒸发掉了。

前面的路，越来越模糊。

春天的夜晚，高速公路上的雾很浓，尤其是林口附近那一带，车子不得不慢了下来。想到刚才和同学们告别的时候，他们那样慎重地千叮万嘱，要我在路上一定要小心，语气里那种诚挚的关爱，使我此刻一个人在方向盘后也不禁微笑了起来。

多少年以前就已经相识了的人啊！少年时在一起习画的种种好像只不过是昨天的事，怎么一晃竟然就过了20多年了呢？

当年那些十几岁的少年，在今夜的重逢里，在最起初的时候，几乎不能相认。然后，在短短的犹疑之后，我们都叫出了彼此的名字，在那重新相认的一刻里，20多年前所有的那些记忆，都争先恐后地挤到我们的眼前来。

所以，我们才会那样忘形，那样争先恐后，想要把我们心中的种种都在这刹那间说出来。我所记得的他，他所记得的我，我们当年种种糊涂的快乐，在20多年之后重新再提起来，就会在所有人的心里渲染出一种如痴如醉的狂喜，记得的人赶快在旁边再加进一些细节，不记得的人就会不甘心地一直发问：

“什么时候？在哪里？我怎么都忘了？真的吗？我真的是那样吗？”

真的吗？我们班上女生有12个，号称“十二金钗”，真的曾经在三军球场里（我的天！三军球场！我们真的那么老了吗？），在一次救国团办的迎新晚会上跳过印尼土风舞吗？

“怎么没有？我还记得很清楚。”阿锦笑着说，“阿玉就在我身边，一直跟我说，她的纱笼要掉下来了，我就叫她用手臂想法子夹紧一点儿……”

真的吗？阿锦，我们真的是穿了纱笼上去跳的吗？怎么可能？我十几岁时瘦削平板的身材怎么能穿得住纱笼？是不是也跟阿玉一样，一直担心它要掉下来呢？是不是那样呢？我怎么全忘了，一点儿也记不起来了呢？

再多说一点儿，好吗？请你们再多说一点儿，再多告诉我一点儿——那些已经被我忘记了的，不再回来的岁月里曾有过的欢乐和悲伤，那些逐渐变远变暗的时光。

（席慕蓉）

我们毕业多久了？10年、20年仿佛弹指一挥间。每天日常生活的碎屑和尘埃，都一点点降落下来，覆盖着我们的记忆，越积越厚，让我们的心，也越来越冥顽，越来越麻木与冷漠，越来越自私与窄小，越来越固执地在一个小天地里。我们全心全意地营造自己的事业和家庭，不曾留下空白与同学们往来。如果真要找个什么理由的话，那就是，每个人都像个陀螺一样周旋忙碌于由工作、家庭、孩子组成的这个永远走不出的圆里，疲惫不堪，岁月就在忙碌与疲惫中溜走了，留下了一个空空如也的自己。自从毕业的那天起，我们如空气般消融在都市的角角落落，然后我们用青春热情和智慧在各自的天地里变换着螺旋着成长着进步着，直到长出白发。

当我们蓦然回首时，才惊觉自己与大多数同学和老师已失去了联系。

“再过20年，我们来相会。”同学之情已沿着时间隧道渗透到心中了，就让这种美妙的情感弥漫开吧！如果不聚会一次，也许会抱憾终生。找一日空闲，抛开一切俗务，让久已消逝的少年时光再度重现，将昔日情境留住片刻。尽管时光已将我们打磨得面目全非，但我们为往事干杯的刹那，已超越了功利，这份不为世风所染的纯净的情感，是无法刻意寻得的。

站在过去与未来的交叉点上，让我们再度举杯，为老同学祈福。

第32件事

用心地思考一次父母之爱

有一首名为《甜蜜负担》的诗写道：

“世界上有一种人／和你在一起的时候／总是千万次嘱咐你要多穿件衣服，要注意自己的安全／你觉得很烦／却也觉得很温暖／缺钱的时候／他总会说些赚钱不易之类的话来训你／边训你／边塞钱给你／这种人／叫做父母。”

父亲和母亲将爱的光辉洒向我们，照亮了我们的生活。我们拿什么奉献给我们的父母？仅仅有孝心是远远不够的，能使父母感受得到的关怀，是那种体贴入微的孝行。

越是我们亲近的人，越容易疏忽他们的感受，也最容易在不自觉中伤害他们，带给他们痛苦。特别是自己的父母，有些人觉得他们啰唆，不爱和父母多聊几句，多听听他们的感受；有些人甚至只顾自己的生活，完全疏忽父母需要奉养、需要关爱的现实。

我们这个时代的人，很强调对子女的照顾和关爱，也都知道孩子缺乏爱，会产生偏差行为；但却疏忽了年迈父母的需求，未能给予他们适当的关爱、奉养和抚慰。

老人若得不到适当的爱，一样会造成情绪失控，产生偏差行为。越是被疏忽的老人越忧郁、封闭；越得不到照顾的老人，也越啰唆难缠。

为人子女者都有孝心，不过，徒有孝心是不够的，必须有孝行才行。必须充分了解父母，知道他们的心理需要，作出适当回应，才能孕育彼此间的亲情，感受亲情挚爱的喜悦。

孩子，当你还很小的时候，我花了很多时间，教你慢慢用汤匙、用筷子吃东西。教你系鞋带、扣扣子、溜滑梯，教你穿衣服、梳头发、擤鼻涕。这些和你在一起的点点滴滴，是多么的令我怀念不已。所以，当我想不起来，接不上话时，请给我一点时间，等我一下，让我再想一想……极可能最后连要说什么，我也一并忘记。

孩子，你忘记我们练习了好几百回，才学会的第一首儿歌吗？是否还记得每天总要我绞尽脑汁，去回答你是从哪里冒出来的吗？所以，当我重复又重复说着老掉牙的故事，哼着我孩提时代的儿歌时，体谅我，让我继续沉醉在这些回忆中吧！切望你，也能陪着我闲话家常吧！

孩子，现在我常忘了扣扣子、系鞋带。吃饭时，会弄脏衣服，梳头发时手还会不停地抖，不要催促我，要对我多一点耐心和温柔，只要和你在一起，就会有很多的温暖涌上心头。

孩子，如今，我的脚站也站不稳，走也走不动。所以，请你紧紧地握着我的手，陪着我，慢慢走。就像当年一样，我带着你一步一步地走。

第33件事

独自在远离人烟的旷野露宿一次

多年来人类已经目睹了许多不可置信的事物，接纳了无数危险的任务，也经历了许多挑战耐力极限的测试。你是否相信自己若被迫处在险境，也能像其他人一样生存？你是否敢在旷野中，测试你的极限、你的能力、你的耐力、你的知识和你的勇气？

你应该像印第安人所说的那样：双脚迅如闪电，手臂雷霆万钧，灵魂无所畏惧。

你有没有信心在旷野中生存一段时间？许多故事都记述了人在旷野中幸存的故事，如漂流在孤岛上的鲁宾逊。有的人在暴风雨中翻船之后，依然紧紧抓住救生圈；有些人则在空难之后落在偏远地区，经历了一段时间方才获救；许多旅人在树林中迷失方向，虽然历经寒冷和风雪侵袭，在几天之后被发现时却安然无恙。

科技文明让你的生活更加舒适安逸——空调使你感到冬暖夏凉，防水布料让你风雨无忧，包含所有维生素和矿物质的保健产品为你补充所需能量，然而正因如此，除非你受过专业训练，否则无法在最原始的人类生存环境中活上多久。

早在有火炉和绝缘材料之前，人类使用的御寒物品是木头、泥土和动物的毛皮，回溯到更久远之前，还有洞穴可以避寒。早在有衣物或纺织品之前，人们穿的是兽皮；早在有超市和营养品之前，有的是有机栽种以及更久远的“只要捉得到就可能吃光”的哲学。这是先民的生活方式，为求生存，他们得和自然密切接触，甚至模仿自然——他们穿着毛皮以御寒冬；在酷热的沙漠中吸取植物汁液求生；食用其他动物食而无恙的食物。在那古远的年代，大自然提供必要的指南，让人类过更好的生活；然而如今，人们却从各种高科技产品的使用手册上读到生活产品使用指南。

你怎样面对大自然？你怎样面对大自然中偶然的、可遇不可求的、一晃而过的、千载难逢的机遇？

面对可能突如其来的饥寒、危险、意外，你要具备求生的能力。一个人独自在旷野中，各种突发性因素很多，你能很好地保护自己而求得生存吗？

为此，应学习一些求生技巧。不仅增进和大自然共处的知识，而且学习如何在大自然之中求得生存。

独自在野外过一夜，抛开繁琐的工作和生活，从另一个角度观察自身，观察自然和人类，体验生命的原色——这不仅是一种思考与行动，也是你为灵魂浇水的一种方式。

你背起自己小小的行囊，
你走进别人无法企及的远方，
你在风口遥望彼岸的紫丁香，
你在田野拣拾古老的忧伤，
我知道那是你心的方向。

第34件事

到天安门广场观看一次升旗仪式

每天清晨，在天安门广场，国旗座杆周围站满了前来观看升旗仪式的人们。宁静的广场，人们的心却不平静，他们期待着一个神圣庄严时刻的到来。

36名护卫队员从天安门中心拱形城门整齐走出，英姿飒爽，步伐矫健。护卫队踏上金水桥，军乐团奏出了豪迈响亮的《歌唱祖国》的乐曲。方队穿过长安街，来到国旗座杆台下。36名队员分东西两侧站立，护旗手和升旗手登上升旗台。只听护卫队长一声令下，军乐团齐奏国歌，鲜艳夺目的五星红旗在天安门广场冉冉升起。

在同一时刻，祖国东海地平线升起了一轮圆圆红日。红日与国旗一起升起。经过127秒，国旗升到旗杆顶。一轮红日跃出海面，照红了祖国的万水千山。

威严的军乐仪仗队和护旗卫兵、激荡的国歌和翻飞的国旗，汇聚成苍宇下的神圣。在那些直立仰望的男女老少相貌各异的脸庞上，袒露着同一种庄严与豪情。祖国和她的儿女在这一刻真真切切地血脉交融。他们守候了几个小时，甚至是整整一夜之后，绝大多数人只能看到国旗即将升至杆顶的短暂瞬间，因为人太多了，朝圣的人太多了，大部分时间，虔诚的人们是在无数个不断仰起的头颅间寻找红色的踪迹。但是，即使这样，他们仍然感到满足，因为他们到过天安门，看过升旗，体会过在国歌响起时油然而生的爱国之情。

祖国，是那土地的蕴涵，岁月的绵延，人心的领悟。一面国旗，就是一种象征：浴血战争中的勇气，异国土地上的母爱，世事交锋时的尊严。国旗，系着千千万万中国人的心。当国旗飘扬时，无数中国人都面对共和国的旗帜从心底发出同一声音："祖国，我为你骄傲！"

第35件事

捐助一所希望小学

纸糊的门窗千疮百孔，土坯墙四处漏风，年久失修的房顶破败不堪……有几千万孩子在这样的"教室"里读书。看惯了城市里坚固美观的教学楼，难以想象偏远山区的师生们在上课时忐忑不安的心情，他们不知道什么时候房子会突然塌下来，不知道雨季来临时还能不能上课……有的村子甚至没有学校，孩子们要走十几里山路到邻村上学，遇到暴雨暴雪的天气，他们就无法上路，只能在心里一遍一遍地祈祷着：雨快些停吧，雪快别下了……

对于那些捐助希望小学的人来说，他们建起的不是房子，而是无数孩子的人生希望，也是中华民族的希望。人的一生中，一定要做的一件事就是——点亮别人的希望。如果你有能力，请你捐助一所希望小学。如果你并不富有，也请你竭尽所能进行捐赠。

一位希望小学毕业生回忆说："上小学的时候，学校是破烂不堪的土坯房、昏暗的教室、破旧的课桌。我常常梦想和城里的孩子一样，在花园一样的学校里学习、生活。没想到第二年，我们学校幸运地得到了好心人的捐款兴建。我真的如愿以偿地坐在了宽敞明亮的新教室里。崭新的课桌，美丽的校园，学校简直成了天堂，村子里最漂亮的地方就是学校了，别说是孩子，连大人们也想到学校去。从那时起，我就下定决心，好好学习，以最好的成绩回报那些好心的捐款人。"

当一些孩子叫嚷着要MP4、PSP作为学习奖励时，另一些孩子每天走几个小时的山路去上学，他们中午吃着冰冷的饭菜，他们不知道城市里的高楼大厦，他们不知晓电脑为何物，他们用树枝在地上写字，他们在寒冷的冬季生冻疮，他们最大的愿望，就是在一个坚固的教室里读书。有些梦想，竟简单的让人心酸。如果你有能力成就这些梦想，你怎么忍心袖手旁观呢？

25 万元人民币能做什么？能够买一辆小轿车，能够买一枚 2 克拉的钻戒，能够买一个限量版的名牌包……捐赠 25 万元人民币，能够建一所希望小学；

10 万元人民币能做什么？能够装修一个豪华浴室，能够买一只名表……捐赠 10 万元人民币，能够资助改造一座危旧校舍，或者为孩子们配备一个有 20 台电脑的多媒体教室；

2 万元人民币能做什么？能让一家三口在假期里体验一回七日游，能买一套高级化妆品……捐赠 2 万元人民币，能为孩子们建一个体育场；

捐赠 1 万元人民币，能够配备一套希望小学的电脑设备，或配备一套图书室；

捐赠 3000 元人民币，能够资助培训一名希望小学教师……

哪怕你的捐助只能换来一扇窗户，对于孩子们来说，那也是照亮他们人生的希望之窗啊！

孤独的阴影会一直追随着你，但是一旦你的心中有了爱，体会到它的深度、它的喜悦和它的魅力，你就会发现，正是因为有了你，世界才如此美好。

第36件事

为自己放一个大假

你每天怎么把自己的步调调得越来越快？从闹钟铃声响起的那一刻开始，你就冲向生活的跑道，像飞机一般高速起飞。

今天，就为自己放个大假吧！想要如何度过都没有关系。睡个懒觉、读本好书、栽花种草、悠游漫步……是的，把你的节奏调慢一点儿，享受“闲”的境界。适时地释放心灵，这是一种最完美的享受。

你跳进车子里，挤进车阵，紧贴着前车的保险杠，匆匆忙忙地有缝就钻，希望能超过昨天的驾驶时间纪录。你轰然驰进停车场，跳出车外，急急地挤出打着招呼的人群，弹进办公室，在电话铃声中做着眼前成堆的工作。午餐时分，你冲进快餐店，在餐盘上堆满食物，接着跃回办公室，在大大小小的会议之间塞上几口，一直到黄昏终于可以再爬上你的车，驶向家的方向。

你是否还记得，上次花了一整个上午做些真正想做的事，是多久以前了？

生活总是匆匆忙忙，以至于“闲”成了一种理想，很难实现。“因过竹院逢僧话，偷得浮生半日闲”，“闲敲棋子落灯花”，“将谓偷闲学少年”……不胜枚举的诗句中对“闲”的描写可以令我们知道，即使在生活节奏缓慢的古代社会，闲，也不是轻而易得的，有时甚至困难到要“偷”的地步。在今天这忙碌的时代里，即使偷得半日闲，也在研究股市，也在网上漫游，也在做第二职业。酒吧茶坊自是闲的所在，然而谈的却大多是生意与商机。闲，已经被挤到一个狭小的角落里去了。

虽然休闲是当今最常被提及的话题，然而，连休闲本身现在也是一种忙了：一方面是假日经济之忙，另一方面是耽搁在路上的休闲之忙。有钱人最得意的标榜就是“忙着休闲”——把休闲当成一次豪华大餐了。

然而闲情并非大餐，而是清风流水。被忙碌缠绕，又稍稍懂得一点闲情的人，只好把它做成一种小点心，夹在大餐前后，匆匆地吃上一口。今日的所谓休闲，是真正的“忙中偷闲”，但是只有闲字，情却丢了。

闲情本质上是人之性灵，只有自然山水最能涵养人之性灵，只有最具性灵的人才最能体味世间的闲情，然而好山好水已经被忙着休闲的人们塞得水泄不通，何处涵养性灵？斜卧在沙发里手握遥控器有一搭没一搭地转换频道，倒似乎成了最闲的姿势了，只可惜手指太忙，心其实也没有真的闲下来，所以性灵之人说：人类文化中的闲情逸兴都被带按钮的机器按死了。

其实，我们的要求并不高，别让生活羁绊自己，这仿佛已是奢求了。

第37件事

倾听婴儿的第一声啼哭

世界上恐怕没有哪一种等待，会比在产房外面的等待更焦急；也没有哪一种哭声，会比婴儿的第一声啼哭更让人感动。生命本身就是奇迹，倾听过婴儿的第一声啼哭，你便可以自豪地说："我见证了奇迹的诞生！"

我们要盼望一个伟大的事实出现，我们要守候一个馨香的婴儿出世——你看他那母亲在她生产的床上受罪！

她那少妇的安详、柔和、端丽，现在在剧烈的阵痛里变形成不可信的丑恶：你看她那遍体筋络都在她薄嫩的皮肤底下暴涨着，可怕的青色与紫色，像受惊的水青蛇在田沟里急泅似的，汗珠黏在她的前额上像一颗颗的黄豆，她的四肢与身体猛烈地抽搐着，畸屈着，奋挺着，纠旋着，仿佛她垫着的席子是用针尖编成的，仿佛她的帐帷是用火焰织成的；一个安详的、镇定的、端庄的、美丽的少妇，现在在阵痛的惨酷里变形成魔鬼似的可怖：她的眼，一时紧紧地阖着，一时巨大地睁着，她那眼，原来像冬夜池潭反映着的明星，现在吐露着青色的凶焰，眼睛像烧红的炭火，映射出她灵魂最后的奋斗，她的原来朱红色的嘴唇，现在像是炉底的冷灰，她的口颤着，撅着，扭着，死神的热烈的亲吻不容许她一息的平安，她的长发披散着，横在嘴边，漫在胸前，像揪乱的麻丝，她的手指间紧抓着几缕拧下来的乱发。

这母亲在她生产的床上受罪。

但她还不曾绝望，她的生命挣扎着血与肉与肢体的纤维，在危崖的边沿上，抵抗着，搏斗着死神的逼迫。她还不曾放手，因为她知道（她的灵魂知道！）这苦痛不是无因的，因为她知道她的胎宫里孕育着一个比她自己更伟大的生命的种子，包含着一个比一切更永久的婴儿。

因为她知道这苦痛是婴儿要求出世的征候，是种子在泥土里爆裂成美丽的生命的消息，是她完成她自己生命的使命的时机。

因为她知道忍耐是有结果的，在她剧痛的昏瞀中，她仿佛听着上帝准许人间祈祷的声音，她仿佛听着天使们赞美未来的光明的声音。

因此她忍耐着，抵抗着，奋斗着……她抵拼绷断她通体的纤维，她要赎出在她那胎宫里动荡的生命，在她对一个完全美丽的婴儿出世的盼望中，最锐利、最沉酣的痛感变成了最锐利最沉酣的快感……（徐志摩）

生命是宇宙间最值得欣赏的因素。生命的孕育、诞生和成长是一个令人无比激动的过程；生命的存在本身就是一种希望；生命中的那些成功与失败、荣誉与耻辱、高尚与卑下、纯真与芜杂，是一本本内容不同的书，或是一幅幅风格迥异的画。没有谁会拒绝生命，放弃自己生命的人若非出于一种大义便是他的心已先行死亡。每个人都应该知道：活着，就是一首好诗。

欣赏生命吧，让我们的心沉静下来，笑看生命中那些愉快的瞬间，体味那种无以名状的感动。在秋夜，静听秋虫的低吟；在冬晨，欢呼漫天的飞雪；在夏天，为儿只知了而童心大发；在春天，为整个世界的苏醒而鼓舞。生命给了我们清新的早晨和怡人的黄昏，生命给了我们激荡的音乐和忧伤的诗歌。生命给了我们许多，生命多么值得珍惜和欣赏！

我们在痛苦、绝望，对生命感到极度厌倦时，哪怕只有一刹那的时间，听到对生命意义的肯定回答，纵使下一个刹那就被浊流所吞噬，我们也会觉得满足。而且我们还会继续活下去。那将不再是痛苦地活下去，而是热爱生命、赞美生命！

第38件事

寻找一位久已失去联系的旧友

约翰·巴斯的《漂游的歌剧院》中有这样一段话："我们的朋友从我们身旁漂游过去，我们和他们有了联系；他们又继续漂游，我们只能靠道听途说了解他们的情况，而有的则完全失去了联系。当他们漂游回来的时候，我们发现，我们彼此无法了解了。"岁月沉淀，关于老朋友的记忆是否清晰如昨？不管怎样，找到你的老朋友，也许不同的经历让你们"彼此无法了解了"，那也没有关系，和他们叙叙旧，一起回忆那些与青春有关的日子……

有一个富翁，年轻时家里很穷，他的父母都是农民，他从小就生存在一种饥饿和窘迫之中。节日的新衣服、过年的压岁钱、喜庆的爆竹、父母的呵护……这些本该属于孩子的专利，都与他无缘。

最使他难忘并终生感恩的是小伙伴们对他无私、真诚的帮助和呵护。只要小伙伴手里有两块糖果，肯定就会有他的一块；伙伴手里有一个馍馍，那肯定有他的一半。在贫穷和饥饿之中，还有什么比这些东西更宝贵呢？

一眨眼30年过去了。在这段时间里，世界上的许多事情都变了模样。此时，富翁步入中年。外出闯荡的他已今非昔比。30年的奔波劳碌、摸爬滚打，算计别人也被人算计，富翁一路风尘地走过来了，成为一个稳健、精明、魅力非凡的企业家。有一天，少小离家的他动了思乡之念，于是在一个艳阳高照的日子里，富翁回到家乡。当日，他走遍全村，感谢叔伯大爷、兄弟姐妹这些年来对父母的照顾，并给每家送了一份礼品。夜里，富翁在自家的堂屋里摆桌请客，赴宴者全是从小光着屁股一块儿长大的玩伴，他们自然也是40多岁的中年人了。

按那里的风俗，赴宴者都要带点儿礼品表示谢意。大家来的时候都带着礼品，有的还很丰厚。富翁令人一一收下，准备宴席之后请大家带回。当然，还有自己回赠的礼品。

正在大家热热闹闹、布菜斟酒的时候，门开了，一个儿时旧友走进门来，他的手里提着一瓶酒，连声说：“对不起，我来晚了。”

大家都知道这个朋友日子过得很艰难，其情其境，一点儿不亚于富翁儿时。富翁起身，接过朋友提来的酒，并把他拉到自己身边的座位坐下来，朋友的眼里闪过一丝不易觉察的慌乱。

富翁亲自把盏，他举着手里的酒瓶，说：“今天，我们就先喝这一瓶酒，如何？”一边说，一边给大家一一斟满，然后他们一饮而尽。

“味道怎样？”富翁问。所有赴宴者面面相觑，默不作声。旧友更是面红耳赤，低下了头。

富翁瞧了一眼全场，沉吟片刻，慢慢地说："这些年来，我走了很多地方，喝过各种各样的酒，但是，没有一种酒比今天的酒更好喝，更有味道，更让我感动。"说着，站起身，拿起酒瓶，又一次一一给大家斟酒，"再干一杯!"

喝完之后，富翁的眼睛湿润了，朋友也情难自抑，流泪了。

他们喝的哪里是酒，分明是一瓶水啊!

世界上还有比这更感人的场面吗？还有比这更宝贵的东西吗？朋友不以贫穷自卑，提一瓶水也要去看看儿时的朋友；发迹的富翁不忘旧情，不以为忤，反而大受感动，情不自禁，以致泪下，这瓶"水酒"真的是含着重如泰山、穿越世俗的真情啊！（栾承舟）

在偶尔收拾旧物时，你会发现有那么多与旧日朋友相关的东西，旧照片、信件、发黄的礼物……甚至包括书页里的旧卡片。手中握满了所有逝去的日子，你平静如水的心在瞬间就泛起了波澜。往日的回忆就像漫舞的雪花一样四散开来，伸手接住一片，它会极快地融化，渗进手心里，竟有一丝暖意。

你是否无数次地想象着老朋友现在的样子？你是否在想起他们时牵肠挂肚？行动起来吧，试着找到他们，看看他们现在的样子，听听他们现在的声音。要知道，你生命中的一段是和他们一起度过的，你记忆中的一部分是与他们有关的，他们是你青春的见证啊。找到他们，即使不能相见也要找到他们。

第39件事

从心底宽恕那个曾有负于你的人

你永远要宽恕别人，不论他有多坏，甚至他伤害过你，你一定要放下，才能得到真正的快乐。

不宽恕别人，不原谅别人，是苦了你自己。

所以对于罪孽深重的人，我们更应该特别宽恕他怜悯他，而不应该远离他舍弃他。

一个人如果不能从内心原谅别人，那他就永远不会心安理得。

记住别人对我们的恩惠，洗去我们对别人的怨恨，我们才能在人生的旅程中自由翱翔。

在心理咨询实验中，所有被施暴的人，无论是性骚扰还是暴力侵害，在治疗的历程中，宽恕是必然的过程。当一个人能宽恕别人的时候，压力才能得以缓解，恢复心理平衡。你是要将仇恨放在心中继续计较、折磨自己呢，还是放下过去，洗净心灵的尘埃，重新创造新的生活呢?

宽恕对于受害者而言，固然有一种平白损失的感觉，但是一直处在愤怒之中，却使一个人难以重新振作。当然，你可以化悲愤为力量，去报复对方，但绝对不如化悲愤为力量，在宽恕中开拓美好的未来。

最高境界的宽容，是宽容那些曾经伤害过我们的人。这不是一件容易的事，但是如果我们这样做了，就会从中体验到我们的富有和强大。而当一个人能够宽容别人时，也必定能够宽容自己。因为当他对自己充满自信之后，他无须去防御别人。他敢于正视自己的缺点，对一生中所遭受的不可避免的冲突和挫折具有必要的忍耐力。他能够积极地参加丰富多彩的活动，从中克服自己的弱点，使自己不断趋于完美。他也不害怕犯错误，因为他了解错误的潜在价值。每当出现错误时，他不会出现一般人的感叹：真是的，又错了。而是会说：看这个，它能使我想到什么？然后他会把这个错误当做垫脚石，以寻找解决问题的新途径。

宽恕是心灵成长的重要动力。宽恕能治疗一切愤恨，能重建人与人之间和谐的态度。不肯宽恕的人大多是自以为聪明的人，但从长远来看，他们并不聪明。

把你所憎恨的人的名字写下来，

从今天开始，学习宽恕。

主动打电话给他，与他联络，

让他感受到你真诚的心意。

养育一个孩子

纪伯伦说："你们的孩子，都不是你们的孩子，乃是'生命'为自己所渴望的儿女。他们是凭借你们而来，却不是从你们而来，他们虽和你们同在，却不属于你们。

你们可以给他们以爱，却不可给他们以思想。因为他们有自己的思想。你们可以荫庇他们的身体，却不能荫庇他们的灵魂，因为他们的灵魂，是住在明日的宅中，那是你们在梦中也不能想见的。你们可以努力去模仿他们，却不能使他们来像你们。因为生命是不倒行的，也不与昨日一同停留。你们是弓，你们的孩子是从弦上发出的生命的箭矢。那射者在无穷之中看定了目标，也用神力将你们引满，使他的箭矢迅速而遥远地射了出去。让你们在射者手中的弯曲成为喜乐吧，因为他爱那飞出的箭，也爱那静止的弓。"

要亲手养育一个孩子，这个孩子或是你亲生的，或是你收养的，或是你亲戚朋友寄养在你处的。养育一个孩子是你一生中最艰巨的"事业"。想想看，你经营的不是一家企业，经营不善可以宣布破产，你经营的是教育，如果失败，你无法把孩子回炉重铸；你建筑的不是一幢房子，一年半载便可完工，你构建的是一个人的品格，你需要花费十年、二十年，甚至半生的心血。中国有句老话：不养儿不知父母恩。在你养育一个孩子之前，你不会真正体会到什么是无私的爱。养育一个孩子，你肩上的担子重如泰山，但是啊，也唯有你自己才能体会到其中的快乐。

别期望你的孩子会按照你的完美计划走下去，你看看我们自己，有几次听从了父母的话呢？好好养育他，让他有正直的品格，让他有善良的心，让他有明亮的、能辨别是非的眼，至于其他的，请尊重他的选择。如果他出息了，你可以对别人说："那是我的孩子。"如果他很平凡，你可以对自己说："呵，这是我的孩子。"

第41件事

领养或助养一个孤儿

他们不懂什么是撒娇，他们不敢奢望漂亮衣服、毛绒玩具，他们在看见陌生人的时候，总是会主动伸出手，去乞求一个短暂的拥抱。他们没有做错任何事，却要承受最深的苦难……

他们失去了父母，也因而得到了更多的父母，他们是我们共同的孩子。帮助他们，不是因为同情，而是因为爱。给孤儿一个温暖的家，或者尽自己的一份力量，温暖他们的心。让我们在大地上画满窗子，让所有习惯黑暗的眼睛，都习惯光明。

每个人生命的起点和终点都是相同的，不同的是过程。上帝一边慷慨地赐予一些人财富和地位，一边吝啬地让另一些人承受磨难。孤儿院里，那些天真的孩子的脸上，写着我们读不懂的表情。那些多唇、腭裂和脑瘫的孩子，像一个个问号，在责问着上帝：这是为什么！

一首名为《我是一个被遗弃的孩子》的诗里写道：

“很小的时候／就学会了躲在角落里／数天上的星星／不敢面向阳光／因为我是一个被遗弃的孩子／不敢奢望太多的幸福／有月光的陪伴已经足够／它照亮我的心房。

孤独的童年时代，冷清的少年时代／总是在阴影里书写自己的人生／没有人喝彩，没有人鼓掌／因为我是一个被遗弃的孩子／不需要鲜花，不需要掌声／有一片净土已经足够我用尽全力去耕耘。

在别人的欢笑里／默数自己的泪／因为我是一个被遗弃的孩子／能听到这个世界有笑声／已经是很奢侈的事情／用血泪和哀愁／编制一个美丽的花环／戴在头

上，点缀普通的脸／因为我是一个被遗弃的孩子／得到苦难的垂青／已经不枉世间走一遭。”

孤儿失去的东西恰恰是我们拥有并珍惜的——温暖的家、亲人的关爱、丰裕的物质条件、自由地选择成长和发展的机会等等。爱，让他们感到了痛，爱，让他们在生命的初始就心灰意冷。孤儿的称谓是他们一生也抹不去的烙印。我们不能对这些孩子熟视无睹，我们要减轻他们的痛苦，给他们希望和快乐。

给他们一个家，让他们可以在爸爸的怀里撒娇，可以吃妈妈亲手做的饭菜。有的夫妻没有自己的孩子，他们领养孤儿，把他当做自己的孩子一样抚养；有的夫妻在自己的子女成人以后领养孤儿；有的人没有领养的条件，就坚持助养孤儿。这样的行为，不是出于爱，又是什么呢？

一对一的助养是需要长期坚持下去的，一旦终止助养，会对孩子造成二次伤害。对于有的人来说，一个人助养一个孩子，压力太大了，但是如果集体助养，压力就会减轻很多。譬如孤儿一年的花费为 2000 元，10 个人平摊下来，每人每月才 20 元。别再说“虽然我很想帮助他们，但是没有条件”这样的话，每个月 20 元，对你来说是件难事吗？举手之劳的善事，何不为之？和朋友、同事、亲人组成一个助养团队，共同助养一个孤儿，节假日里，轮流接孩子到家里来，让他享受家庭的温暖。

人们不讲道理，思想谬误，自我中心，不管怎样，总是要爱他们。

如果你做善事，人们说你自私自利，别有用心，不管怎样，总是要做善事。

如果你成功后，身边尽是假的朋友和真的敌人，不管怎样，总是要成功。

将你所拥有的最好的东西献给世界，你可能会被踢掉牙齿，不管怎样，总是要将你所拥有的最好的东西献给世界。

——特蕾莎修女

选择一个自己热爱的职业

听，纪伯伦为我们诠释工作的意义：

你们常听人说，工作是祸殃，劳动是不幸。

我却对你们说，你们工作的时候，你们完成了大地深远的梦之一部分，它指示你那梦是从何时开头的。

而在你劳动不息的时候，你确实爱了生命。

在工作里爱了生命，就是通彻了生命最深的秘密。

你们也听见人说，生命是黑暗的，在你疲劳之中，你附和了那疲劳的人所说的话。

我说生命的确是黑暗的，除非是有了激励。

一切的激励都是盲目的，除非是有了知识；

一切的知识都是徒然的，除非是有了工作；

一切的工作都是空虚的，除非是有了爱。

当你仁爱地工作的时候，你便与自己、与人类、与上帝结合为一体。

在我遇见班奇太太之前，护理工作的真正意义并非像我原来想象的那样。“护士”两字虽然是我的崇高称号，谁知得来的却是三种吃力不讨好的工作：替病人洗澡，整理床铺，照顾大小便。

我戴上全套用具进去，包括口罩、手套和围裙，护理我的第一个病人——班奇太太。

班奇太太是个瘦小的老太太，有着一头白发，全身皮肤像熟透的南瓜。“你来干什么？”她问。

“我是来替你洗澡的。”我生硬地回答。

“那么，请你马上走，我今天不想洗澡。”

使我吃惊的是，她眼里涌出大颗泪珠，沿着面颊滚滚流下。我不去理会这些，强行给她洗了澡。

第二天，班奇太太料到我会再来，准备好了对策。“在你做任何事之前，”她说，“请先解释‘护士’的定义。”

我满腹疑团地看着她。“很难下定义，”我支吾道，“做的是照顾病人的事。”

说到这里，班奇太太迅速掀起床单，拿出一本字典。“正如我所料，”她说，“连该做些什么也不清楚。”她翻开字典上她做过记号的那一页慢慢地念，“看护：护理病人或老人；照顾、滋养、抚育、培养或珍爱。”她“啪”地一声合上书，“坐下，小姐，我今天来教你什么叫珍爱。”

我听了。那天和后来许多天，她向我讲了她一生的故事，不厌其烦地细说人生中的教训。最后她告诉我有关她丈夫的事：“他是高大粗壮的庄稼汉，穿的裤子总是太短，头发总是太长。他来追求我时，把鞋上的泥带进客厅。当然，我原以为自己会配个比较斯文的男人，但结果还是嫁给了他。

“结婚周年，我要一件爱的信物。这种信物是在金币或银币上刻两个人名字的

简写，用精致银链穿起，在特别的日子交赠。周年纪念日到了。贝恩起来套好马车进城去，我在山坡上等候，目不转睛地向前看，希望看到他回来时远方扬起的尘土。”

她的眼睛模糊了：“他始终没回来，第二天有人发现那辆马车，他们带来了噩耗，还有这个。”她毕恭毕敬地把它拿出来，由于长期佩戴，它已经很旧了，但一边有细小的心形花形图案环绕，另一面简单地刻着：“贝恩与爱玛。永恒的爱。”

“但这只是个铜币啊，”我说，“你不是说是金的或银的吗?”

她把那件信物放好，点点头，泪盈于睫：“说来惭愧。如果当晚他回来，我见到的可能只是铜币。这样一来，我见到的却是爱。”

她目光炯炯地面对着我：“我希望你听清楚了。小姐，你身为护士，目前的毛病就在这里。你只见到铜币，见不到爱。记着，不要上铜币的当，要寻找珍爱。”

我没有再见到班奇太太。她当晚死了。不过她给我留下了最好的遗赠：帮助我珍爱我的工作——做一个好护士。（玛丽·弗曼）

常常有很多人会对自己的工作觉得沮丧、不满，而活得非常不快乐。但是如果我们想真正获得快乐，就该把工作当做是生活中的一种乐趣，而不是当做一种刻板、单调的苦差事。所以每当化妆师为新娘化妆的时候，他会把它当成一种艺术创作，一边工作一边享受这种过程中的美感；每当画家完成自己的作品时，不但不会觉得疲倦，反而有时候会被自己所创造出来的美而感动。

人生就是一连串选择的过程，每一个人都应该选择一个比较适合自己的生活方式，选择职业更是如此。

不要后悔自己的选择，努力加上毅力，任何一件事情，都会开花结果。生活快乐与否，完全掌握在自己的手中，当我们把工作变成生活中的一种乐趣时，那我们就会乐在其中了。为快乐而工作——这就是无悔的选择。

立下一个关于环保的志愿

“很久以前我丢失了一只猎犬，一匹栗色马和一只斑鸠，至今我还在追踪它们，我对许多旅客描述它们的情况、踪迹以及它们会响应怎样的召唤。我遇到过一两个人，他们曾听见猎犬吠声、奔马蹄音，甚至还看到斑鸠隐入云中，他们也急于追寻它们回来，像是他们自己遗失了它们。”这是梭罗留在他的《瓦尔登湖》中的一则寓言。尽管他说“请原谅我说话晦涩”，还是有人跑去问他是什么意思，他反问：“你没有失去吗？”

回答比寓言更像寓言。其中一个对应的解释为：怎样做，才能不失去我们赖以生存的环境？与其说我们应当战胜和征服自然，不如说要做自然的朋友，与自然界达成某种和解，与所有其他种类的生命达成某种和解。否则，我们既无法追回所失，也将留不住所拥有的。

我家附近有一个熟肉铺，有时我到铺里买些烤猪肉之类的食品，带回家当午饭。

我从来不用铺子里给的纸盒和塑料袋，而总是拿着一个方塑料盒去买食品，这样回到家后也省得再把盒子里的食品腾到碟子里。

我让老板娘给我割了一块肉。她微笑着对我说：“七块二毛五。”当我拿出钱包取钱时，她用赞许的语气说：“给七块钱吧！两毛五分就算了。我想鼓励人们增强保护环境的意识，也真希望每个人都能像你这样。”像学生得到校长的表扬一样，我高兴得发狂。并且我得到了一份小小的保护奖——她给了我两角五分的折扣。

你可能会说：两角五分算得了什么！可是我却很激动。回到家后，我就忍不住向人们夸耀我得到的这份奖金。我先给国外的儿子通了电话，把这件事告诉了他。我又向别人讲了又讲。家人对我的行为都迷惑不解。是啊，两角五分的奖金有什么特别呢？政治家总是在讲“热爱祖国”，在我看来，“热爱祖国”还是一种生活方式。这种热爱的具体体现是：节约能源、减少生活垃圾、不污染环境。

在我们所有污染环境的罪过中，最容易避免的就是塑料袋。我小的时候，大人们总是带着手工编制的竹篓到集市上买东西，豆腐和猪肉都包在绿色的荷叶里，它们最后都回到大地母亲的怀抱里。我还记得著名诗人余光中的几句诗，这几句诗是我的孩子还小的时候我教给他们的。

让我们用肥大的荷叶/包裹起皎洁的月亮带回家/把它夹在一本唐诗书里/压得平平展展/像思念亲爱的人那样。

真的，用来做包装的荷叶是多么美啊！我们还用竹叶来包米饭团。有时我们还可以看到山民们用中空的竹筒盛装米饭。

可是，我们现在使用的塑料袋和过去用的包装物是多么的不同啊！这也是我上集市时总带着塑料盒的原因。当然，保护环境的行为会给自己带来一些不便，但是这些不便不过是我们热爱祖国所付出的代价而已！常常有卖主问我为什么不要塑料袋时，旁边的人会代我解释：她要保护环境！

我对他们的理解表示衷心感谢。还有那两角五分的奖金，在我一生获得的奖金中，它是最宝贵的一次！（张晓风）

“只有当最后一棵树被刨，最后一条河中毒，最后一条鱼被捕，你们才会发觉，钱财不能吃……”这首古老的印第安人的歌谣，令人感慨万千。人与自然，就像是一对终身相守的夫妻，你对她多一分爱意，便会多得到一分温暖；你若是专横暴戾，报应便是冷酷无情的。我们漫不经心地将用过一次的易拉罐扔掉，却很少想过：大自然赐予了人类矿石，经冶炼变成金属，再经各种各样的工序，最终成为一个小小的金属罐。这中间包含着自然的多少厚爱，凝结着别人的多少劳动成果。而我们只是那么随手一扔！我们过分庞大的需要产生了过分庞大的工业，过分庞大的工业使得资源枯竭、环境污染，于是又需要追加人力和钱财去对付新的难题——一个忙得我们来不及思考的难题！

保护大自然是我们共同的责任。在地球这叶生命的“方舟”正在下沉的今天，对环境的爱护已不仅仅是一种经济行为，而是一种道德行为。必须要用道德来约束和引导人类的环境行为。保护环境，随手可做，随处可做。

第44件事

主动结识一个陌生人

很多人都会产生害怕陌生人的心理，例如在聚会上我们想不到有什么风趣或是言之有物的话可说的时候。事实上，无论何时何地，我们遇上看来有趣的陌生人时，心里都会七上八下，不知该怎样打开话匣子。然而，懂得怎样毫无拘束地与人结识，能使我们扩大朋友的圈子，使生活丰富起来。

和陌生人的谈话有许多是毕生难忘的——这就好像你打开一个礼盒，事前却完全不知道里面有什么。和陌生人的谈话引人入胜之处，就在于我们对他们一无所知。我们过去从来没有见过的人，还能帮助我们认识自己。因为我们可能对一个陌生人说出我们时常想说但又不敢向亲人或朋友说的心里话，他们因此便成了我们认识自己的一面新镜子。如果运气好，和陌生人的偶遇还会发展成为终身不渝的友谊。也许这句话真是正确的："世界上没有陌生人，只有还未认识的朋友。"

作为一个报界人士，多年来我曾到过世界许多地方，其中与陌生人谈话是我生活中最值得纪念的事情，就像即将打开的礼品盒，不知有些什么礼物在里面。这就是说，陌生人的魅力事实上恰恰在于我们不了解他。

有一个从新奥尔良来的修女，她看起来文雅庄重，超凡脱俗，通过交谈我知道，她正要去监狱感化里边那些十分顽固的罪犯们。在加拿大的火车上，我遇到一个年纪较大的妇女，她拘谨地告诉我，她要到北极圈里的一个村庄去，因为她听说在那里能看到北极熊在街上散步……

与陌生人的谈话对充实我的知识库总是有所帮助的。

一位园林工人告诉我一些极富操作性的养花知识。在挪威首都奥斯陆，一个曾参加过第二次世界大战的人带我来到一片人迹罕至的高地，迎着呼啸的海风，将纳粹分子曾野蛮地处死过反法西斯战士的地方一一指给我看。

陌生人甚至可以让我们了解一些关于我们自己的事情。譬如，我们有时也可以向一个陌生人说一些我们从不敢在家人或朋友面前提及的事情来请他们评判，这样我们就可以通过新的眼光了解我们自己。（王　丽　张　静）

很多人交往的范围只局限于熟悉的几个朋友、同类的人。但他们一生都希望能够与陌生人成为朋友，以拓展视野，激发对生活的感触，却总是望而却步，害怕遭到拒绝。其实，结识陌生人并非难事。你完全可以为买东西时没有零钱的陌生人出零钱；在出租车上主动与司机聊天；更不要介意陌生人在街口不小心与你相撞……请相信，在陌生人的世界里，有着许多淳朴善良的心。一分善意，会换来十二万分的感动。

我们需要陌生人的刺激——一个跟我们不同，暂时是个谜的人。和陌生人见面还会多少对你有所影响。那彼此心灵相通、意气相投的感觉是令人难忘的，一次邂逅会成为你以后生命的一部分。

这世界上有的是人。所以你要敞开心扉，享受友谊。

第45件事

尝试一次表达心中的感激之情

或许你今天可以施与受的最神奇的礼物，就是真诚地感谢——感谢你周围的人、感谢上天赐予你健康的身体、感谢你所经历的种种、感谢你得到的关爱、感谢你看见的世界珍奇，感谢其他人对你的善行。

依琳娜、莎拉和德鲁还小的时候，每当他们要向人家致谢，就口述感谢词句，由我记录。但是到孩子长大一些，有能力自己写谢柬了，却必须由我三催四请才肯动笔。

我会问："你写信给爷爷，谢谢他送你那本书没有？"或问："陶乐思阿姨送了你那件毛线衫，你可曾向她道谢？"他们的回应总是含糊其辞，或耸耸肩膀。

有一年，我在圣诞节过后催促了几天，儿女竟一直毫无反应，我大为气恼，便宣布：谢柬写妥投邮之前，谁也不准玩新玩具或穿新衣。他们依旧拖延，还出言抱怨。

我忽然灵机一动，就说："大家上车。"

"要去哪里？"莎拉问，觉得好奇怪。

"去买圣诞礼物。"

"圣诞节已经过去了。"她反驳。

"不要啰唆！"我斩钉截铁地说。

待孩子们都上了车，我说："我要让你们知道，人家为了送你们礼物，花了多少时间。"

我对德鲁说："麻烦你记下我们离家的时间。"

来到镇里，德鲁记下抵达的时刻。三个孩子随我走进一家商店，帮我选购礼物送给我妹妹。然后我们回家。

三个孩子一下车便向雪橇走过去。我说："不许玩，还要包礼物。"孩子们垂头丧气地回到屋里。

"德鲁，记下到家的时间没有？"他点点头。

"好，请你记录包礼物的时间。"

孩子包礼物时，我替他们冲泡可可，终于最后一个蝶形结也系好了。"一共花了多少时间？"我问德鲁。

他说："到镇上去用了 28 分钟，买礼物花了 15 分钟，回家用了 38 分钟。"

"包这几个盒子用了多少时间？"依琳娜问。

"你们俩都是用两分钟包一个。"德鲁说。

"把礼物拿去邮寄，要花多少时间？"我问。

德鲁计算了一下，答道："一来一去 56 分钟，加上在邮局排队的时间，要 71 分钟。"

"那么，送别人一件礼物总共花多少时间？"

德鲁又计算了一阵："2 小时 34 分钟。"

我在每个孩子的可可杯旁放一页信纸、一个信封和一支笔："现在请写谢柬。写明礼物是什么，说已经拿来用了，用得很开心。"

我们每个人都曾被爱我们的人塑造过，只要他们稍微有些恒心，我们便成了他们的作品……我们的生命中没有一种爱情，没有一种友谊，不是与别人合作完成的。那么请告诉我，你怎能把自己同别人分开呢？怎能不心怀感激呢？

他们沉默构思，接着响起了笔尖划在纸面上的声音。

“花了我们三分钟。”德鲁一面说一面把信封封好。

“人家选购一件情意浓厚的礼物，然后邮寄给你，所花时间也许超过两个半小时，我要你们花三分钟的时间道谢，这难道是过分的要求吗？”我问。他们低头望着桌面，摇摇头。

“你们最好现在就养成这习惯。迟早你们要为很多事情写谢柬的。”

德鲁叹了口气问：“例如哪些事情呢？”

“例如别人请你吃晚饭或午餐，或者邀你上他家度周末，又或者你申请大学入学，或求职，别人花时间向你提供宝贵意见。”

“你小时候也写这东西吗？”德鲁问。

“当然。”

我想起了亚瑟老爷爷。他是我曾祖父最小的弟弟，家住马萨诸塞州，小时候我从没见过他，可是每年圣诞节他都送我一份礼物。他双目失明，由住在隔壁的侄女贝嘉过来帮他开出一批5美元的支票，分别寄给每一个曾侄孙和玄侄孙。我每次都回信致谢，并且告诉他这5美元是怎么用的。

后来我去马萨诸塞州求学，这才有机会探望亚瑟老爷爷。闲谈间，他说很欣赏我写的谢柬。

“那时你漂亮不漂亮？”莎拉问。

“我的男朋友说我漂亮。”我说着就走到书架前，取下一本照片簿翻开。在照片中，我站在自己家里的壁炉前面，身穿黑丝晚礼服，头发绾成精致的法国贵妇髻，旁边有个英俊青年。

“原来是爸爸！”依琳娜有点儿惊讶。

我微笑着点点头。孩子们坐下来继续写谢柬，我没告诉他们，我与丈夫是在亚瑟老爷爷家相遇的。

今年圣诞节，丈夫和我庆祝了结婚36周年。谢谢你，亚瑟老爷爷。

（费恩·安德鲁斯·贝德福德）

第46件事

做一个美丽的“白日梦”

“假如有一天……”

这个童年时常用的作文开头，我们不知不觉忘记了。

不要让希望和想象力随着年龄偷偷溜走。在某个闲散的下午，坐在摇摇椅上，沉浸在咖啡的香气中，让双手停下来，让眼睛停下来，任凭大脑做非主动的缓慢游思。做个美美的白日梦，就如同仰躺着漂浮在无人的海上，微风拂面，海水正蓝。

别以为做白日梦是件很浪费的事，偶尔花点儿时间做做梦也不错！受限于时间、能力，很多事情你只能在心里想想，却永远无法办到！与其怀着感叹的心过日子，倒不如以这些期盼为蓝本，在心中构筑美丽的梦境，一偿夙愿。要是你也能到这么一个“虚拟实境”里走那么一遭，你会发现，纵使美梦不能成真，在如真似幻的情景里也能稍解心中的遗憾。

幻想不是浪费时间，专注于幻想里，你可以完成你的目标，重振精神，为生命开创新境界。

我们常认为幻想不切实际，那是因为大多数人一迷上幻想就无法自拔，整日沉浸在虚构的世界里，分不清现实与幻想世界的差异——这是消极的幻想。

其实，幻想也有积极的一面，要是能积极幻想，将幻想当做是调和现实世界所受挫折的工具，那么，你就能够掌握真实及虚构世界的分际，不会整日沉迷，妨碍你对现实世界的认知，甚至干扰了正常的作息。

事实上，想象力是所有学习和解决问题的钥匙，爱迪生和爱因斯坦都有高人一等的想象力。爱因斯坦建立他的时空理论时，想象自己乘坐着月光在星际旅行，童心未泯使他成为智者中的巨人。

丰富的想象力能够帮助人保持良好的记忆力，老年人常抱怨记忆力衰退——其实是他们的想象力衰退，以至于心灵再也无法创造可以长留在心头的画面。我们把信息存储在记忆的资料库里，必须先运用想象力把信息转换成画面。

丰富的想象力在放松身心方面也扮演了重要的角色。例如：如果你能集中精神想象自己置身海滩上的情景，那么你就可以随时随地去休闲了。这种能力太有价值了！想象力不够发达的人想要放轻松些往往困难重重。

要像锻炼身体一般经常帮想象力做体操。想象力越发达，解决问题、记忆资料的能力也越强。

你可以假想一些生活中非常特别的事情，或者是梦想一些你很希望发生的事。在这个虚构的世界里，所有的一切任由你摆布，你要怎么揉捏都没关系。不管你做的是什么梦，幻想时，越逼真越好，无论是颜色、声音、味道、景致，都要以自己希望发生的方式去想。说不定回味无穷之余还会激发你去实现它呢！

你可曾幻想像海明威一样，坐在巴黎“左岸”咖啡馆里读小说；或者在非洲的乞力马扎罗山下，一边看象群，一边品味肯尼亚咖啡；或者想象自己变身超级模特，在T型台上大放异彩……实现这些有什么难？做一个美丽的白日梦吧！

第47件事

用一生的时间铭记一个教训

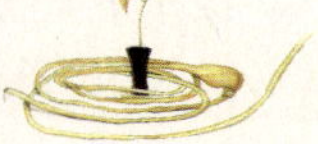

成功的人之所以能够拥有今天的财富，是因为他们比其他人愿意犯错误，并能够从中汲取教训。多数人要么不愿犯错误，要么一而再再而三地犯着同样的错误却始终不能对其原因有所领悟。假如没有足够的犯错误的经历，或没有从错误中汲取到教训，那么你的生命中就注定不会出现奇迹。

那年她刚从大学毕业，分配在一个离家较远的公司上班。每天清晨七时，公司的专车会准时等候在一个地方接送她和她的同事们。

一个骤然寒冷的清晨，她关闭了闹钟尖锐的铃声后，又稍稍赖了一会儿暖被窝——像在学校的时候一样。她尽可能最大限度地拖延一些时光，用来怀念以往不必为生活奔波的寒假日子。那天她比平时迟了五分钟起床，可就是这区区五分钟却让她付出了代价。

那天当她匆忙奔到专车等候的地点时，时间已是七点过五分。班车开走了。站在空空荡荡的马路边，她茫然若失。一种无助和受挫的感觉第一次向她袭来。

就在她懊悔沮丧的时候，她突然看到了公司的那辆天蓝色轿车停在不远处的一幢大楼前。她想起了曾有同事指给她看过那是上司的车，她想真是天无绝人之路。她向那车走去，在稍稍一犹豫后打开车门悄悄地坐了进去，并为自己的聪明而得意。

为上司开车的是一位慈祥温和的老司机。他已从反光镜里看她多时了。这时，他转过头来对她说：“你不应该坐这车。”

“可是我的运气真好。”她如释重负地说。

这时，她的上司拿着公文包飞快地走来。待他在前面习惯的位置坐定后，她才告诉他说，班车开走了，想搭他的车子。她以为这一切合情合理，因此说话的语气充满了轻松随意。

上司愣了一下。但很快地明白了一切后，他坚决地说："不行，你没有资格坐这车。"然后，用无可辩驳的语气命令："请你下去。"

她一下子愣住了——这不仅因为从小到大还没有谁对她这样严厉过，还因为在这之前她没有想过坐这车是需要一种身份的。当时就凭这两条，以她过去的个性定会重重地关上车门以显示她对小车的不屑一顾，而后拂袖而去。可是那一刻，她想起了迟到在公司的制度里将对她意味着什么，而且她那时非常看重这份工作。于是，一向聪明伶俐但缺乏生活经验的她变得从来没有过的软弱。她近乎用乞求的语气对上司说："我会迟到的。"

"迟到是你自己的事。"上司冷淡的语气没有一丝一毫的回旋余地。

她把求助的目光投向司机。可是，老司机看着前方一言不发。委屈的泪水终于在她的眼眶里打转。然后，她在绝望之余为他们的不近人情而固执地陷入了沉默的对抗。

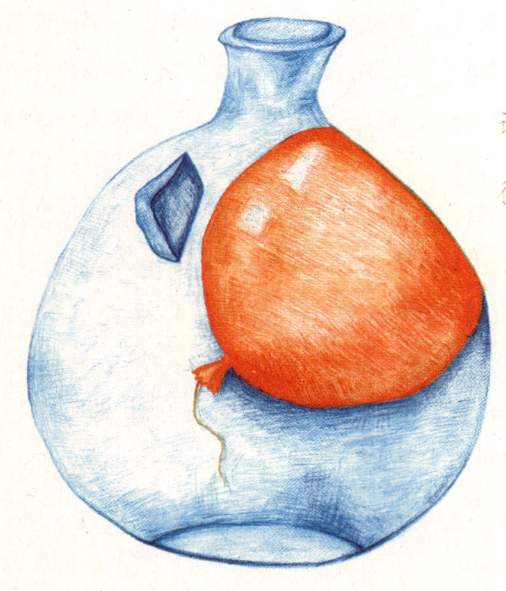

此时，请回想：让你永记不忘的一个教训，以及你得到过的最好的忠告。

他们在车上僵持了一会儿。最后，让她没有想到的是，她的上司打开车门走了出去。坐在车后座的她，目瞪口呆地看着有些年迈的上司拿着公文包向前走去。他在凛冽的寒风中拦下了一辆出租车，飞驰而去。泪水终于顺着她的脸颊流淌下来。

老司机轻轻地叹了一口气，说："他就是这样一个严格的人。时间长了，你就会了解他了。他其实也是为你好。"

老司机给她说了自己的故事。他说他也迟到过，那还是在公司的创业阶段。"那天他一分钟也没有等我，也不要听我的解释。从那以后，我再也没迟到过。"他说。她默默地记下了老司机的话，悄悄地拭去泪水，下了车。

那天她走出出租车踏进公司大门的时候，上班的铃声正好响起。她悄悄而有力地将自己的双手紧握在一起，心里第一次为自己充满了无法言喻的感动，还有骄傲。

从这一天开始，她长大了许多。

现在，她已经跳到另一家更大的公司上班。可是她一直非常感谢那位上司，是他给了她一帆风顺的人生以当头棒喝的警醒。她认为她的上司给了她两点教训，一是自己犯下的错误应想方设法自己去弥补，别人没有理由也没有责任为你分担；二是任何时候都不能忘记自己的身份，更不要轻易地对别人寄予希望，除非他想帮助你。（陶　陶）

射箭射斜了，拼字拼错了，讲话跑题了，走路走歪了，恋爱失败了，那是很平常的事！勇士有时惧怕，智者有时愚拙，专家有时出丑，辩士有时舌结，本来就是这样！

生活的教育方式是：你得首先遭受挫折，然后从中汲取教训。大多数人由于不知道如何从错误中悟出道理，所以只是一味地逃避错误。他们却不知道，这种行为本身已铸成大错；还有一些人犯了错误却没能从中汲取教训，因而他们总是循环往复地犯着自己以前曾经犯过的错误。

人在年轻时应该犯一次大错。年轻时犯错，并不等于一生都会失败，相反，如果能够从错误中成长，反倒会带来更大的启发。

第48件事

亲手卖出一件商品

即使你一辈子都不会成为一个商人，也要亲手卖出一件商品，体验推销和说服的成就感。在推销的过程中，你需要用一点儿心机、一点儿小聪明，这让整个事件变得富有挑战性，并充满乐趣。

一位到南方闯世界的小伙子，在应聘一家鞋厂的推销员工作时，因学历不够而被拒绝。他找到业务部经理，陈述自己的优势。经理最后说："你等等吧，面试全部结束后，你再来试试。"

在等待时，小伙子做了一件事，他后来这样叙述道：

"我又怀着希望站在厂门口等候。反正我也没有其他地方可去。然而我的肚子却不让我安心等候，已经快11点了，又没有吃早餐，我早已饿得有气无力了。而面试的速度很慢，一个个填表、问话，到现在还有七八十个人排队等着，看样子起码要到下午四五点钟才能做完。这时我已经不敢指望去这家厂里吃午饭了。可是这家工厂附近只有一间杂货店。要吃饭得穿过公路，再向前走到很远的商业区去。我没那个心思跑老远去吃一顿饭，就忍住饥饿继续看那些大学生面试。看来他们也饿得不行了。许多人无力地靠在墙上，也许和我一样没吃早餐吧。但他们又不敢走远，怕错过了面试。有人唉声叹气地叫饿，说要是有人帮着买盒饭来就好了，可以给他脚钱。听了这话，我不禁灵机一动，这可是个挣钱的机会啊！我走上前说：'我帮你们买饭。'他们像遇到救星似的，纷纷掏钱给我。他们主动给我跑腿的钱，我先是推辞，但我越推辞，他们越坚持要给，说帮人做事哪有不收钱的。我收了20多个人的钱，然后穿过公路走到商业区，找到一家快餐店，说要订60盒快餐，问价钱可不可以便宜一点，老板说：可以，5元一盒的4元给你。我说付一半的钱，你叫个伙计帮我把饭抬回去，顺便收那一半的钱，老板也答应了。”

“我和那伙计将60盒饭抬到鞋厂门口，将20多盒交给那些托我买饭的人，剩下30多盒以每盒6元出售，没想到一下子就被那些饿慌了的人抢光了，我心里直后悔没多订些，害得我自己都没吃上。我交了另外一半饭钱给店里的伙计，数一数剩下的钱，我竟然赚了160多元钱！”

“我高兴得忘了自己还在等待面试，拿着钱就要走，这时听见有人‘喂，喂’直叫，回头一看，是那个业务经理，他正朝我招手呢。原来他看见我卖饭的情景了，竖起大拇指说：‘小伙子，不错啊，有头脑，看来刚才你不是吹牛皮，我决定破格录用你为我厂的推销员。’我一时还没意识到命运有了转机，竟傻乎乎地说：‘等一下再说吧，我先去吃饭。’而那个经理误以为我是在故意吊他的胃口，其实我是因为赚了钱，高兴得忘乎所以了。经理说：‘你别走了，到我们厂里来吃饭吧，现在12点，刚好赶上吃午饭。’”

“我这才感觉到自己好运临头，欢喜得不知说什么才好。”（佚　名）

紧紧地抓住决心，
因为一旦决心幻灭，
人生将是断翅的鸟儿，
再也不能飞翔。
紧紧地抓住决心，
因为一旦决心消失，
人生犹如一片荒原，
终年雪地冰天。

不论你从事什么行业，也不论你的职务是什么，在生活中都需要发挥“推销”的功能。你必须练习做自我的推销员，才能够得到身边人的支持，生活得称心如意。

情人向伴侣推销他的爱意，员工向老板推销他的创意，政客向选民推销他的政见，官员向民众推销他的政绩，这些推销的原理，和一般业务人员向他的顾客推销产品并没有太大的差异。别把“销售”视为畏途，更不要把“推销”当做困难的同义词。“出卖自己”几个字虽不是很中听，却是你每天都在做的事。更奇妙的是，你也和生意人一样，卖得越好越开心。

你应该不难想象以下的景象有多么难堪：你提议和情人去吃烛光晚餐却遭到对方婉拒；你提出的行政改善建议书被老板退回；你期望邻居不要乱倒垃圾却没人理你。遇到这些情况说明你没有充分发挥“推销”的作用，你的人生中每一件东西都是可以出卖的，包括：时间、创意、感情、身体、灵魂，只要你有足够的销售技巧，找对市场，给予真正需要它的人。

更值得一提的是，有些交易的回馈，并不是有形的货币，而是无形的资产，譬如：感情、身体、灵魂都是无价之宝。

第49件事

为自己列一份梦想清单

有一个没有见过任何世面的美国孩子，在15岁那年拟了一个表格，表上列出了他的梦想清单：到尼罗河、亚马孙河和刚果河探险；登上珠穆朗玛峰；探访马可·波罗和亚历山大一世走过的路；驾驶飞行器起飞降落；读完莎士比亚、柏拉图和亚里士多德的著作；谱一部乐谱；写一本书；游览全世界的每一个国家；结婚生子；参观月球……一共127个目标。

从此，他开始有计划、有步骤地完成梦想。16岁那年，他和父亲到了佐治亚州的奥克费诺基大沼泽和佛罗里达州的埃弗格莱兹去探险，这是他首次完成表上的一个目标。他按计划逐个实现了自己的目标，49岁时，他完成了127个目标中的106个。

这个美国人叫约翰·戈达德，他一生之中获得了一个探险家所能享有的一切荣誉。

为了达成心中的梦想，你必须学会制订计划——无论是短期计划还是长期计划，都将使你的生活步入到你所期望的完美状态。

你是否曾拒绝修正或放弃某个梦想——虽然要达成这样的梦想已经不只是不可能，而且危险重重，甚至会伤害自己？你是否因执著于某个梦想而影响了其他的重要事情，给你在人际关系、工作、财务或其他重要领域，造成无法弥补的缺憾？

我们常执著于要实现梦想的欲望，结果反而记不起原先为实现梦想所设下的种种步骤；在经历挫折受到打击之际，才发现自己无法决定下一步该怎么走。

那么，设立一个切实可行的目标，而不是只看眼前的路。

你专注于生命中的目标或最初的梦想，在你的旅程中就会吸引越来越多能帮助你的人、环境和资源。事实上，将精力集中于你最初的梦想，或最终的梦想，是实现梦想最有效的方法。

你知道你正往哪里去，并遵循你内心和灵魂的指引时，你将拥有一次更充实的旅程。

当你没有集中精力于你的最初梦想时，变化和犹疑会像狂风一样侵袭你，使你如一叶漂荡的扁舟。

当你遵循你心中的梦想时，你会充满力量，时刻受到启发和刺激。

当你集中于你生命中最初的目标时，你就将轻松越过障碍。

如何制定梦想清单？

要使某件事情成为一个“目标”而不只是一个“方向”，就必须用清楚界定的、可以量化的措辞将它写出来。

很多人知道自己要什么，却没能达成它，原因何在？他们以为自己有个梦想，实际上他们有的只是个方向。如“我要成为成功的演员”就是个方向。我们在“任何事情”里首次成功实践，那个“目标”就实现了，我们也就“是”个成功的实行者了。

无论我们演过多少部电影，无论我们赚到多少钱，无论我们赢得多少个奥斯卡奖，“我要成为成功的演员”的“目标”都不算充分实现——将来永远可能有更成功的演出。因此，我们永远也不知道何时可以庆祝这个目标的达成。

为自己泡一壶茶，静下心来想一想自己的梦想有哪些，拿出一张纸，把它们一一记录下来。

能“量化”的目标，其结果是可以计数、测量的。你的梦想如果是“我要成为成功的演员”，那么，请你问自己：“何谓成功?”然后，用可以量化的成功判断来陈述这个目标。“我要当演员，每年收入10万元”“我要在一部重要的片子里担任主角，重要的影评家一致给我好评”，这些目标有没有达到，很容易判断。而什么时候做到“我是个成功的演员”，就不十分确定了。

设定目标的时候，还有一点很重要，就是要用现在式——做一项肯定一样。如果能把对你自己的描述纳入目标里：“我在这件每年赚5万元或更多的新工作里，我很满意而且有创造力。”“我在与一个亲切、有爱心的人交往，我快乐而且得偿所愿。”那样更好。

把你的梦想一个个重写，写到可以让旁观者也看出你有没有达成它们。

你“真”想加把劲的话，就为你的梦想加个“时限”吧。把要实现各个梦想的年月日加上去就行。这样你就不能轻易再说“我会达成我的梦想——再说吧”。时限可以把梦想变成一种可测量的现实。

关于梦想，考虑一下最后一点：梦想最好只有你自己知道，达成一个梦想之后，告诉谁都行。到屋顶上去高喊，写信告诉朋友，你尽可以谈个不停，在那以前，守在心里吧，让没有达成的梦想先成为一个秘密。

在大庭广众之下作一次表演

自信是一种吸引力。只有当一个人有自信的时候，他才会成为别人注意的焦点。当一个人有自信的时候，别人会放弃他们那游移不定的意见来附和他。

想要使你自己够坚强并增强你的自信，最好的办法就是拿出胆量去做那些你以为没有把握的事。

晚自习开始了，刚参加完师哥师姐们的高考誓师大会的高二（三）班此刻一片静穆，像被注入了无穷的力量一般，大家都在埋头苦读。

门被轻轻地推开，班主任马老师走进教室，说：“六月末著名艺术家周幼盈女士要回母校访问，学校决定抽选20名同学培训半个月，进行交谊舞表演。有兴趣的同学到我这儿报名。”

如同一记重拳打在一堆棉花上，同学们对马老师的话毫无反应。

然而对于此刻坐在教室中的于云同学而言，却如同一块巨石投入了她原本平静无澜的心湖，她觉得心里有什么东西在膨胀，逐渐充满了整个心房。

在别人眼里，她平凡得不能再平凡了：成绩平平，相貌平平，服饰平平。学校偶尔会发一张课余时间调查表，她总是在“课余爱好”一栏里写“无”。其实，没有人知道，她非常喜欢——跳舞！

然而今天，她那渴望辉煌的心情是如此迫切！

下午，一条爆炸性的新闻传遍了高二（三）班：于云报名参加交谊舞培训班了！

半个月的培训开始了。于云在舞蹈方面的天分很快就表现出来，指导老师指定她和男生中的一个佼佼者搭档，担当表演队中的领舞。

同学们仿佛突然发现了她的存在，这才觉出以前那个沉默寡言、平凡呆板的女孩原来如此不凡和充满活力。而于云也惊喜地发现自己已成为焦点，受到从未有过的瞩目与重视。她快乐地想，原来自己也可以出类拔萃啊！兴奋、新鲜、激动充盈着她的内心，每一天，她都能感觉到一种从未有过的情绪在心底生长，很久以后，她才弄明白那是什么——是自信。

盼望已久的这一天终于到来了。学校里热闹非凡，一队队手持鲜花的学生整齐地分列在校门两侧，准备迎接周幼盈女士的到来。

报告大厅的后台里，领队张老师正在给于云上妆，反复叮嘱她表演的注意事项。于云仔细地听着，全身因为激动而微微颤抖。上好妆，于云站起来，向镜中望去，她简直有些眩晕了。天哪，那个活泼美丽、光彩照人的女孩是自己吗？就在这时，李校长推门进来了，他懊恼地一挥手，说：“演出取消了！周女士被临时通知去北京参加一个重要活动……”

于云顿时像被打了一闷棍，耳朵嗡嗡直响，校长的话她没再听清，一直到张老师无可奈何地宣布“解散”时，她才清醒过来。猛地，她疾步走到张老师面前，低声而坚定地说：“老师，虽然客人不来，我也想为大家表演一次！”她并不等老师有所表示，就转过身看着她的男舞伴。

男孩立即会意地走过来牵住了于云的手。

于云舞步娴熟，舞姿优美，鲜红色的裙裾旋转着，铺开一个圆面，如同一阵红色的旋风征服了所有观众的心，大家深深地惊叹着这个素不起眼的女孩所表现出的非凡魅力。

一年以后，于云成为校园里新崛起的一匹黑马。也就在这年夏天，她步入了南方一所著名的高等学府。（张　雁）

一个人最大的敌人是自己。

外来的挑战虽然严酷，但不管你能不能克服，总有过去的时候；现在对你造成威胁的事件，以后未必还会存在。唯有内心里那个自我永远不会消失。因此，假如缺乏自信心，你这一生一世都无法摆脱失败的厄运。

为什么我们该相信自己？因为在这世上，每个人都是独一无二的，所以你该相信自己。那为什么你会是这世上独一无二的呢？因为你所做的事，别人不一定做得来；而且，你之所以为你，必定是有一些相当特殊的地方——我们姑且称之为特质吧！——而这些特质又是别人无法模仿的。

既然别人无法完全模仿你，也不一定能做你能做的事，试想，他们怎么可能给你更好的意见？他们又怎能取代你的位置，来替你做些什么呢？所以，这时你不相信自己，又有谁可以相信？

基于这种种重要的理由，请相信：你有权活在这世上，而你存在于这世上的目的，是别人无法取代的。

不过，有时候别人（或者是整个大环境）会怀疑我们的价值，所谓三人成虎，久而久之，连我们自身都会对自己的重要性感到怀疑。请你千万千万不要让这类事情发生在你身上，否则你会一辈子都无法抬起头来。

记住！你有权去相信自己，所以，请放心大胆地去行动吧！

当华美的叶片落尽，
生命的脉络才历历可见。
当某一天，
亲眼见到一棵落尽了叶，
只剩一树枝干的树，
满树的枝干，
清晰，坚强，勇敢。
轻轻地剥落表皮，
看得见脉络却也见伤痕……

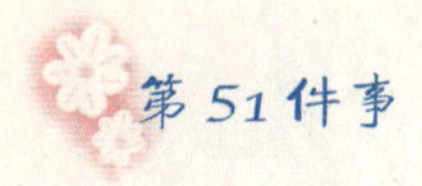

第51件事

给亲人或朋友送件体贴的礼物

礼物好坏与否在于它是否合适，而不是它的贵贱。

我们许多人都想为自己的朋友或所爱的人送上完美的礼物，但往往是草草地完成这一任务。事实上，送礼不会是件麻烦事，无论对接受者还是赠送者来说，它都能使人享受到乐趣。

当你送礼物给某个人，即使你与这个人天天见面或经常联络，你也是在用另一种方式表示他对你很重要，你心里有这个人，而且你想使他高兴。每个人都乐于接受意外的惊喜。仔细考虑这种做法，用一件合宜的礼物表达你的爱。

有一位为人子者虽然孝顺，但他从来就不清楚父亲喜爱什么东西。

他一直记得，那些年的父亲节，他送过很多东西，他更记得，那些衬衫和剃须刀，从来就没看见父亲用过。他一直认为父亲大概不喜欢那些东西，于是，往后的父亲节，他也慢慢地不再费心。

一直到某一天夜晚，父亲节还没到，刚上小学的儿子就先画了一张笨拙的卡片给他，他望着卡片好久，他很开心，告诉自己一定要好好保存，一辈子收藏着它，然后他仿佛领悟到了什么，匆忙跑到那个已经很久没进去的父亲的房间，他轻轻地打开父亲的抽屉，看见一件又一件从来没拆过封的衬衫和剃须刀，全都很新很新地摆在那里，仿佛是昨天才买的东西。他突然开始恨起父亲，为什么父亲从来不说他很开心。但他更恨自己：为什么自己不早一点儿察觉，当父亲收到自己送的礼物时，心中真的很开心啊！

为什么自己从来都不知道父亲有多爱自己？

父亲节还没有来临的这个夜晚，他像个无助的孩子一样，开始懊悔地哭泣。

（佚　名）

礼物不一定要昂贵，事实上，也不一定样样都得现买。你手边也许早有一些想送给亲人的东西：其中有些是你花费心血亲手做的，有些是玩具或小玩意之类的东西，有的则是以前买的。不论这件礼物来自何处，一定得很特别，而且是那个人会真心欣赏的东西。记住，重要的不是礼物的价格，而是那份良苦的用心。

你母亲今天可能想要什么？也许只是一束花，或是可以为那个她引以自豪的花圃增添色彩的一株花草或盆栽；你父亲又如何呢？由于他一直喜欢谈政治，因此也许可以送他一本已故总统的传记，或为他订一份讨论时事的期刊。你的孩子们呢？不管你的儿子要一双新球鞋还是一盏台灯，都把它列入你的礼物单内，然后在他最意想不到的时刻，譬如放学回家时，送给他。此外，还有与你朝夕相守的伴侣。如果想不到什么特别的东西，写一封情书也可以。要不然，你也可以为他或她做早点，然后带着一枝花及一个微笑端到床前让他或她享用。

礼物，也许是时间的记号，是记忆的承载，但它在生命中真正的意义，却在于送的一方把自己的情感深藏其中，献给对方，然后，便把自己完全忘掉。

而受者也许对手中礼物的价值一时茫然不觉。但说不定哪一天会咀嚼出其内在的丰厚，内心便霎时掀起波澜，既而无限感激。

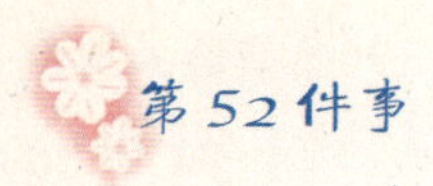

第52件事

买一套与众不同的衣服

美国钢铁大王卡内基小时候有一次路经一个尚未竣工的摩天大楼的建筑工地，与衣着华丽的老板攀谈起来。“我长大后要怎样才能像你这样？”卡内基以羡慕的口吻问道。“第一要勤奋工作……”“这我早知道了，老生常谈，那第二呢？”“买件红衣服穿！”聪明的卡内基满脸狐疑：“这……这和成功有关？”“有啊！”那人顺手指了指前面的工人说道，“你看他们都是我的手下，但都穿清一色的蓝衣服，所以我一个也不认识……”说完他又指向其中一位工人：“但你看那个穿红衬衫的工人，我长时间注意他，他的身手和其他人差不多，但我认识他，所以过几天我会请他做我的副手。”

你的自我形象就像你的专属品牌。

欣赏美好的事物是人类与生俱来的本能。

也正因为这个本能，当我们判断一个人时，往往会以貌取人：要是对方穿着得体，就会给我们留下绝佳的第一印象；对方若是一身不修边幅的打扮，肯定不会对他有好印象。

人同此心，心同此理，你以貌取人，当然也不愿意自己因外表而受到误判，所以每个人都想以最美好的一面去博取别人的好感。

谁会不喜欢穿可以让自己心情好点儿的衣服呢？来点儿特别的衣饰，会使我们觉得自己是如此出色，让我们自觉处于世界的顶端，受到万人景仰，心境自会开朗。

穿出你自己的特色，这直接关乎你的个人形象。

你不必总和别人一样。就做你自己！

尽可能扮演好自己的角色，这才是最重要的。别忘了，每个人都是完整而独立的个体，每个人都有特别的优点，要是能按照这些特点尽情发挥，一定成就非凡。硬要舍弃自有的天赋去学别人，就算学得惟妙惟肖，那充其量也只不过是个二流的别人而已。

而且，不要忘了，你也有特别的才华和能力，别人或许也正因此而赞赏你，想以你为师呢！

每个人都是别人眼中优秀的人才。我们总是在羡慕别人，而别人也在羡慕我们。这就是人类学习，成长的方式。

唯有坚持自我，才能建立独一无二的“个人品牌”，创造无可取代的奇迹。

很多机会是在碰撞之后才产生的。坚持自我，不可避免地会与外界发生碰撞。碰撞之后，伤害、失败、灰心等负面情况必然出现。如果在你经历这么多后，你依旧挺得住，就一定会觅得良机。因为太多的人都会在负面攻击之下，败下阵来。

坚守一个品牌，就是坚守一种做人的理念。大商人区别于小商贩，可能不体现在赚钱的资本和途径上，甚至不体现在经营的水平和招术上，却一定会在非常时刻体现于人格修养、理想信念上。

现在，请你打开衣柜看看，很可能里面尽是些自己不怎么喜欢的衣服，有些是每次穿了都觉得不合适的，有些则是永远都不想去碰的，你何不干脆把它们处理了或捐赠了？反正你也是绝不会穿的。

第53件事

开怀畅饮，让自己醉一次

你有多久没有开怀大笑了？多久没有尽情流泪了？每一日，我们都用礼貌、准则把自己包裹得严严的，真性情很难显露了。如果你觉得厌倦了，那就找个机会开怀畅饮，让自己醉一次吧。喝醉之后，你会变得超脱旷达，才华横溢；你会忘却忧愁和烦恼，到绝对自由的时空中翱翔；你甚至会肆行无忌，丢掉面具，口吐真言……

曾看见过朋友醉酒之后真性情显露无遗，豪迈举杯的样子简直可以把祖国山河揽进怀里，碰杯的力度决不亚于久别重逢时的紧紧拥抱。原本静如止水的优雅与儒雅一扫而空，凸现孩子般的顽皮与傻气，一脸的纯真流淌，满眼的笑意荡漾，讲话的语速如流水般叮咚，原来暮气沉沉的朋友在酒精的作用下竟也变得可爱至极！真乃酒不醉人人自醉，醉出了一个率真的自我！

也曾向往着一生醉一次，哪怕只有一次！其实，真切地醉一次也很难，特别是身为女儿身的我，得找一个合适的环境，约一些合适的朋友，在合适的时间才可以达到酒醉的状态吧！有一天，终于和同学们在别后十几年相遇了，几个女同学相约一起醉一次。那晚，我也不知喝了多少杯，可是偏偏唯独我没有醉倒。她们一个个面若桃花，兴奋异常，语无伦次的状态透出了她们原本的憨态，令人生出几许怜爱！彼此在并不宽敞的空间里说笑着，十几年的经历浓缩成一句话："为往事干杯！"

送走了她们，我独自似醉非醉地走在大街上，拒绝了爱人的好意，推辞了车辆的代劳，就是想一个人走走。酒真的能壮胆，以前一到天黑就不敢迈出家门的我，居然此刻一个人在深夜的马路上闲逛。这份感觉真是独特，我清晰地摸到了风的凉爽，夜的温柔。抬头看天，邀月共醉，起舞弄轻影。问一句月里的嫦娥，真的"高处不胜寒”吗？地上的女子在夜的包裹里竟也感到了心灵的寂寞。这种俗事覆盖着的寂寞在酒醉之后竟那样放肆地疯长。

忽然记得朋友问我，听过花开的声音吗？为着这句问话，我怪怪地看了她半天。此刻，躲开一切俗事，竟也听到了月光下花开的声音。“让生命开花”，何等豪迈、何等神圣、何等阳光的人生境界；听花开的声音，又是何等浪漫、何等高雅、何等宁静的生命过程。要听到花开的声音，需要一颗不平凡的心，需要耐得住寂寞、充满爱、敏感又多思的慧心。今夜我也有这样的时刻去欣赏生命开花，聆听花开的声音，我感动得心儿狂跳，自己醒着的时候是糊涂人，醉着的时候倒挖掘出潜伏的慧根。花儿静静地绽放，每一朵花都有每一种花开的声音，每一次开放都伴着阵痛而来。而聆听花开声音的我，心中绽放的是蓬蓬勃勃的生命之花。我庆幸自己在这样的醉酒之后能聆听到花开的声音，现在想来，那无限的寂寞成全了我。

凉凉的晚风吹醒了我，现实的一个又一个压力，一道又一道坎，像汹涌的海水涌向我，那些困难不知多少次阻挡了我前进的脚步。此刻分明感觉到了那些阻挡也是一次花开的过程，我学会聆听花开，当然更能跨过困难的坎。偶尔醉一次，清醒也好，糊涂也罢，总能有所收获。谁愿意醉一次，我可以舍命陪君子！（草　也）

浩瀚史书中，关于醉酒的典故太多太多，汉高祖醉斩白蛇，李白斗酒诗百篇，贵妃醉酒而千娇百媚，李清照因沉醉而误入藕花深处等等，酒似乎已深深地渗入到人的骨髓里去，不分性别，不论年龄。酒不可贪多，但是人生一定要开怀畅饮醉一次。醉，是精神的专注沉浸，是忘我的眷恋痴迷。那一刻，心灵悸动，心湖荡漾，快感迭起，晕眩颤抖。血沸腾，人兴奋，话肆意。那样的境界，是享受的上乘，是快乐的巅峰。

醉看品位，醉需底蕴。身体的醉是醉之皮毛，脚步轻飘，眼影迷乱；意识的醉才趣味无穷，醉中神清，醉后思逸。心情因柔软温润的空气氤氲而怡然自得，品性因芬芳雅致的物质招引变得高洁宁静。于是，淡看了天边的云卷云舒，安然于庭前的花开花落。渐学会行云流水的飘逸，遂向往天下无尘的绝美。

所以，无论你是谦谦君子，还是温柔淑女，一定要允许自己醉一次，体验醉之乐。

第54件事

拥有一个自己喜欢的动物朋友

古时有一仙人，在深山修道，时常静坐于一棵大树下，摒除杂念，修习禅定。是时，正值冬天，气候非常寒冷。时近黄昏，有一只小鸟飞来，就栖息在仙人怀中，希望获得一些温暖能延续它的生命，仙人唯恐惊动鸟儿，因此盘膝打坐，身体不敢摇动，让鸟儿无忧地安处怀中，等到翌日小鸟振翅飞往别处，仙人才出定。爱护动物的慈悲心怀，竟然到了如此程度。

人对动物的态度大致有三：一是以人为中心，企图主宰动物的命运，为满足自己的私欲，不惜滥杀，使动物大量灭绝；二是提倡保护动物，因为动物可以为人类服务；三是把动物作为朋友，承认它们和人一样是地球的主人。

你对动物的态度如何，取决于你自己。试想象，当地球上只剩下人类时，那将是怎样一个可怕的世界啊！善待动物吧，因为当人类失去动物的时候，也终将失去自己！

丰子恺一家返回江南后，住在杭州西湖边，家中养了一只白猫，取名“白象”，这只猫又成为他喜爱的新朋友。他喜欢白象，首先因为这只猫好看，两只眼一黄一蓝，叫做“日月眼”。它在太阳光中走动的时候，瞳孔细得几乎没有了，两眼像舞台上装的不同光色的电灯一样，人人见了都惊叹。丰子恺的女儿们回到家，一坐下，白象就跳到她们膝上睡觉。她们不忍心动弹，就坐着不动，向人要茶，要换鞋，要报看。大家喜爱白象，竟至如此。

然而有一日，不见白象来吃饭，天黑仍不见；第二日，仍不见。丰子恺着急了，便写了两张海报，重金寻猫，但终无人送猫。后听说，是死在水沼里了。于是丰子恺想起，猫是不肯死在家里的。这一定是白象知道临命终了，便外出去死！白象的遗孤，五只死了三只，还有两只，活泼可爱，常常是丰子恺在读报，两只小猫便趴到他架起腿后的两只脚上，一高一低，令人见了发笑。而丰子恺则习以为常，倒觉得脚上没有两只猫反而不舒服了。

朋友们知道丰子恺爱猫，便给他送猫。很快，家里便有了五只猫。结果是，这五只猫经常成群结队地偷鱼吃，甚至偷蛋糕吃，引起了大家反感。丰子恺却认为，猫的偷吃，定是没有吃饱的缘故。如果把每只猫喂饱，它们就会各自去睡觉，洗脸，捉尾巴，而不至于偷窃。于是，他把大司务叫来，详细询问猫的饮食问题。大司务回答："每日规定三顿，每顿1000元猫鱼，拌一大碗饭。"丰子恺说："这么多猫，这点饭怎么够呢，为什么不多买点猫鱼？"大司务回答："这是太太规定的。"于是丰子恺去找太太，太太说："一向如此呀。"丰子恺说："不行，物价涨了么！从前1000元猫鱼很多，现在只有一点点。你这不是逼猫偷吃吗！应给3000元猫鱼……"从此猫的偷吃案件便销声匿迹。丰子恺爱猫，就更为有名了。

50年代，丰子恺家里养了一只黄猫，起名为"猫伯伯"。在丰子恺的故乡，伯伯不一定是尊称，而是一种讥讽的称呼。这只猫伯伯，丰子恺的女儿一吟最喜欢。有时她正在写文章，忽然猫伯伯跳上来，面对着她，端端正正坐在稿纸上，让她无法写作。有时甚至盘起身来，就在稿纸上睡觉，身子正好装满了稿纸。

有一天，家里来了一位贵客，气氛一时十分严肃。正在这时，猫伯伯跳上矮桌，嗅嗅贵客的衣袖。贵客抚摸它的背，称赞："这猫真好！"于是气氛轻松了，开始了闲谈。正谈着，猫伯伯竟然迅速地爬上贵客的背，端端正正坐到他的脖子后面了。丰子恺正惶恐着，但那贵客却低下头，使猫坐得更舒服，谈话于是更加融洽了。丰子恺于是总结：猫能化岑寂为热闹，变枯燥为生趣，转懊恼为欢笑；能助人亲善，教人团结。即使不捕老鼠，也有功于人。然而，这只猫短命，四岁便死了，以至于丰子恺当时不愿意写它，直到十年后，才又深情地回忆起它，并由它回忆起60年前，父亲所养的活了18岁的老猫。那老猫在父亲晚酌时，总是坐在酒壶边，父亲常用豆腐干喂它，而这豆腐干，是丰子恺的姐姐们所享受不到的。由此观之，丰子恺爱猫，有家传因缘。

60年代，丰子恺又养过一只白猫，这猫的名字叫"阿咪"。阿咪之父是中国猫，其母是外国猫，所以它的毛很长，像兔子一般。

那时候，丰子恺居家著译，白天孩子却不在家，家里十分寂寞。自从有了阿咪，家中便热闹了。厨房里常有保姆的话声或骂声，其对象便是阿咪。有时客人带孩子来，大人谈话，孩子感到很无聊。忽然阿咪跑来，它招待小客人，大人也就安心谈话了。丰子恺照过一张照片，他身穿棉衣在写作，小阿咪就坐在他的肩上，看他写作。面对小阿咪，丰子恺有时会回忆起15年前的“白象”和十年前的“猫伯伯”，真希望阿咪能像60年前父亲养的老猫一样，能活18岁……（汪家明）

也许在人类世界你是一个社交好手，但是你不一定擅长和动物交朋友。和动物交朋友可是一件难事，你不能偷懒，也不能耍小聪明，人类社会的交友法则对动物们不适用。动物最擅长分辨真情和假意，它们不会受钱财的诱惑，也听不懂甜言蜜语，只能用最原始的方式感受你的情意。一个不耐烦的眼神，或者一声训斥，它们都会记在心里。和动物相处，需要有极大的耐心，并从心底喜欢它们。和动物交朋友时，要把动物当成小孩子，也要把自己当成小孩子，两颗世界上最纯洁的心灵坦诚相处，你会从中获得无限的快乐。

第55件事

立下一个让自己信奉一辈子的诺言

信守和尊重一个诺言，或许要比登一座山更难。

花儿是春天的诺言，潮汛是大海的诺言，远方是道路的诺言。世界，因为信守许多大大小小的诺言，肃穆而深情。

一个有分量的诺言，犹如一座有高度的山。可悲可叹的是，我们许多人不时被困在山下。

去陕西出差。先去了一个很偏远的小镇，开会时我负责照相，一群小孩子好奇地围着我。该换胶卷了，我随手把空胶卷盒给旁边一个小孩子，她高兴极了，“谢谢姐姐。”其他孩子羡慕地围着看。看小孩儿喜欢，我又拆了个胶卷盒给另一个小孩儿，他兴奋得脸都红了。翻翻书包再找出两支圆珠笔分给孩子们，更多的孩子盼望地看着我的包，真后悔没多带两支笔。我拉着一个穿红碎花小褂的女孩儿问，“叫什么呀?”“小翠。”“有连环画没有?”“没有。”旁边男孩儿说：“学校只有校长有本字典。”“姐姐回北京给你们寄连环画来，上面有猫和老鼠打架，小鸭子变成天鹅的故事。”听得他们眼睛都直了。

我拿出笔记本，记个地址吧，“陕西×县李庄小学”，“谁收呢?”“俺姐识字，她收。”过来个大一点的女孩儿，“姐姐，写李大翠收。”“好吧。”

从陕西又转道去四川，青海。回北京忙着写报告，译成英文，开汇报会，一晃两个月过去了。偶尔翻到笔记本上的“李大翠”，猛然想起小村子的孩子们。犹豫了一下，“孩子们早忘了吧。就是寄过去，也许路上丢了，也许被人拿走了，根本到不了他们手里。”

第二天，还是拜托有孩子的同事带些旧书来。大家特热情，没几天，我桌上就堆了好几十本，五花八门什么都有，我又从家里找了几本，一同寄走了。

快忘了的时候，接到李庄的信。“北京姐姐你好，从你走以后，村里的娃娃天天都说这事儿。我们经常去镇上邮局看看，嘱咐那儿的叔叔、婶婶，‘有北京来的信一定收好啊，我们的。’等了两个月没有，村里大人笑我们‘北京的姐姐随口说的，城里人，嘿嘿，不算数的’。我们不信，姐姐清清楚楚在本子上记了我们的地址啊。后来发大水了，妈妈不让去。我拉着小翠偷偷去，其实不远，半天就到了。万一书寄来了呢，万一我们不在被别人拿走了呢。那天终于收到了。姐姐，你知道我们有多高兴吗？用化肥袋子包了好几层，几十里路跑着回来的。晚上全村的娃娃都到我家来了。小翠搂着书睡的，任谁也拿不走。第二天拿到学校，老师说建个‘图书角’，让我当管理员。看书的人必须洗干净手，不能弄坏了。书真好看，故事我们都背下来了，还给俺娘讲哩。”

我看着窗外，眼睛湿了。想着那两座高山，漫过桥的大水，泥泞的山路上一高一矮两个单薄的身影。我为曾经的犹豫感到羞愧，幸亏寄出去了，要不永远对不起孩子，伤了他们的心，拿什么来补。

后来陆续又寄了一些书和文具。秋天来了，收到一个沉甸甸的大包，李庄的。里面是大枣，红亮红亮地透着喜庆，夹着纸条，“姐姐，队长说今年最好的枣不许卖，寄给北京。”我把枣分给捐书的同事，大家说从来没吃过这么甜的枣。

从那以后，我开始明白什么叫“一诺千金”，什么叫“言而有信”。（吟　秋）

遵守诺言是一项重要的感情储蓄，违背诺言是一项重大的支取。实际上，最能导致情感储备被大量支取的恐怕莫过于许下某个至关重要的诺言而又不履行了。因此，要力求非常谨慎小心地许诺，尽量考虑到各种可变因素和偶发事件，以防突然发生某些情况，妨碍诺言的履行。尽管作出各种努力，有时意外事件还是会出现，造成不宜或不可能遵守某一诺言的情况，但是如果你重视这项承诺，你就要么想方设法予以遵守，要么请求收回承诺。如果你养成了一贯履行承诺的习惯，别人会因为你的成熟和富于预见性而倾听你的意见和你的劝告。自身忠诚会赢得信任，不忠诚可以破坏几乎任何为建立高度信任所付出的努力。一个人如果口是心非，就失去了其信任储备。每一个人都应遵守诺言，诺言是神圣的，承诺是金。

进行一项有收益的投资

人生的智慧有两种：获得财富和享受财富。懂得前者的人不多，懂得后者的人就更少了。

成功学的奠基人拿破仑·希尔忠告我们：切勿因为金钱而丧失人格，唯有建立了完善的人格，你才会真正拥有财富并享受财富的快乐。

人格的完善是本，财富的积聚是末，本立而末生，本竖而末成；倘若舍本而取末，本末倒置，你将不会拥有财富，那些到手的金钱也会像流水般失去。

有一个颇为感人的关于财富的故事。

美国布鲁克林工艺大学有一位任教60年的欧斯默教授。这位老教授和太太生活简朴，住在布鲁克林区，平日搭地铁上下班。两人膝下无子，积蓄则交给华尔街一位投资专家管理。

老教授和老太太分别在近年去世。去世后清理这位投资专家帮他们管理的财产时发现，这笔财产已累积到八亿美元。八亿美元的遗产，有四分之一捐给了布鲁克林工艺大学，这笔金额相当于该校历年总捐款额的四倍，几乎可以立即将该校提升进名校之林。

那么，帮他们创造了这笔财富的那位投资专家又是谁？

活伦·巴菲特。

巴菲特被称为"股神"，在比尔·盖茨因微软增值而成为全球首富之前，他多年来一直雄居这个宝座。他是一个全球知名的投资专家，一个极善于累积财富的人。

在欧斯默的故事中，两位老人在1960年把总共5万美元的积蓄交给巴菲特，后来取得巴菲特旗下控股公司的股份。当时的股价是每股仅 42 美元，现在每股则高达 7.2 万美元，这就是 8 亿美元遗产的由来。

一个人很懂得赚钱，能够为自己挣得全球首屈一指的财富，实在很了不起。不但自己能够赚来这么大的财富，甚至可以惠及到相信自己、跟随自己的人，且收益如此之大，真是令人叹服。

很多人在谈到财富的时候，总相信无商不奸的道理，总相信人无横财不富的原则，总相信吃人不吐骨头的精神。

但是巴菲特和这对老夫妇的故事，却让我们有一番不同的回味。（郝明义）

最大的财富，必须和最多的人分享。

财富的世界，原来也可以如此充满信任、共享和温暖。

在这个世界上，我们见过财源滚滚、繁茂昌盛的例子，也见过倾家荡产、一败涂地的事件。为钱而大悲、大苦的现象，常常令我们黯然神伤，可是天地有规律地运行，钱也有规律地操纵着人们的喜怒哀乐，日复一日，永无休止，钱与我们的生活息息相关，密切相连。

钱原来是解脱人类问题的工具，现在，钱是人的负担、人的问题。我们不仅需要投资专家，我们更需要彻底地解开心头的“钱结”。

你可以追求金钱上的富有，并获得因你的富有而得到的尊重，而不要让它介入你个人和灵感的成长。当你维持对钱财的均衡认知，并以它为实现梦想和最终目标的工具时，财富就会流入你的生活中。

没有必需的金钱，我们的生活会是坎坷而艰辛的，所以，我们要努力赚钱致富。然而，我们需要的是以人为本的成功。在走向成功的道路上，需要不断磨炼和升华我们的人格力量。金钱只是成功的外貌，或衡量成功的尺度，而不是内核和根本。我们不要恐惧、悔恨、嫉妒、哀愁和疾病，我们应退避三舍的是别人对我们的恨——假若你已经拥有财富。这就是说，在拥有金钱的成功之余，我们也要拥有心灵的宁静，只有如此，我们的生命才能够完美而无瑕。

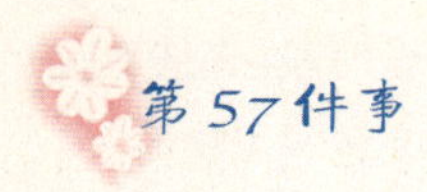

写一封情书

当你老了，头发白了，睡思昏沉，炉火旁打盹，请取下这部诗歌，慢慢读，回想你过去眼神的柔和，回想它们过去的浓重的阴影；多少人爱你年轻欢畅的时候，爱慕你的美丽、假意或真心，只有一个人爱你那朝圣者的灵魂，爱你衰老了的脸上的痛苦的皱纹；垂下头来，在红光闪耀的炉子旁，凄然地轻轻诉说那爱情的消逝，在头顶的山上它缓缓踱着步子，在一群星星中间隐藏着脸庞。

——爱尔兰诗人叶芝写给茅德·冈小姐的情诗

我不爱你，一点儿也不；相反，我讨厌你——你是个淘气、腼腆、愚蠢的姑娘。你从来不给我写信，你不爱你的丈夫；你明知你的信能给他带来莫大的快乐，然而，你却连六行字都没给他写过，即使是心不在焉，潦潦草草地写的也好。

高贵的女士，你一天到晚干些什么呢？什么事这么重要，竟使你忙得没有时间给你忠诚的爱人写信呢？是什么样的感情窒息和排挤了你答应给他的爱情，你那温柔而忠诚的爱情呢？那位奇妙的人物，你那位新情人，究竟是个什么样的人物，竟能占去你的每一分钟，霸占你每天的光阴，不让你稍稍关心一下你的丈夫呢？约瑟芬，留神点儿，说不定哪个美丽的夜晚，我会破门而入。

我的爱人，得不到你的讯息，确实使我坐立不安。立即给我写上四页信来，四页充满甜蜜话语的信，我将感到无限欣慰。

希望不久我将把你紧紧搂在怀中，吻你亿万次，像在赤道下面那样炽烈的吻。

——拿破仑致约瑟芬的情书

男人握着钢笔，在雪白的纸上认真地写一封情书。前卫、优秀的男人，无论是iPod、手提电脑还是手机，都紧随潮流。在文件上签字是他生活中唯一需要写字的事。他说，电话、MSN、E-mail让通讯与表达变得简单，为什么还要用手写信？可是，今天，他执拗地要动笔写一封情书。他不希望自己爱的告白可以让人轻按一下“Delete”键就摧毁，他也不希望若干年后，她回想当初时，竟然找不到一个实实在在的见证。

每每听到“情书”二字，女人总免不了感叹一番。她和丈夫都是开朗洒脱的人，相恋时爱呀恨呀都挂在嘴边上，所以少了情书的环节。听她抱怨，丈夫开脱道：“999朵玫瑰都送了，还差张纸吗？再说，我们的生活并没有因为少了情书就少了浪漫啊！”她想了想，淡定地说：“是遗憾，总是羡慕女友们提及情书时羞赧的表情，我的爱情似乎因少了情书而不完整。”那夜，丈夫瞒着她，在书房补一封情书，他原以为可以一蹴而就的信，却写到天明才完成。他终于明白，亏欠爱妻的，是怎样一份凝重。

你有多久没有听到“情书”这个词了？当鸿雁传书的记忆渐渐湮没在高速的节奏之中，时至今日，还有多少都市人愿意静静地坐在书桌前提笔写信？当我们面对电脑思如泉涌，可一提笔脑中却一片空白的时候；当拇指时代越来越近，情话可以不带任何感情色彩地随意辗转于方寸手机屏幕上的时候，传统手写的情书慢慢消失在人们的视野之中了，会不会终有一天，“情书”将被神圣地列为人类几大“情感遗产”呢？

情书是爱情的见证，口头说的、电子版本的统统不算数。虽然你可以用无数种方式表达爱，但是，请记得一定要动手写一封情书。

第58件事

为自己的过错真诚地道一次歉

成吉思汗曾在一次打猎途中走进一个山谷，他看到山谷间有细水从上面一滴一滴地流下来。口渴难耐的他立刻拿出杯子接水喝。他耐着性子接满水正要喝时，他的爱鹰把杯子打翻了。连续几次都是如此。成吉思汗怒气顿生，这次，他一声不响地拾起水杯接水，当水接到七八分满时，他悄悄取出尖刀，然后把杯子慢慢地移近嘴边。老鹰再次向他飞来，成吉思汗迅速拿出尖刀，把鹰杀死了。同时，他的杯子掉下了山谷。成吉思汗于是爬上山顶寻找水源，到达山顶的池塘时他恍然大悟：池边有一条大毒蛇的尸体，他顿时忘记了口渴，呆呆地看着那只救了他性命、却被他杀死的鹰，后悔不已。

永远不要轻易发怒，否则你必将后悔。

有时我们迟迟不道歉是因为怕碰钉子，这种令人难堪的可能性确实是有的，但是不大。原谅别人可以去除心里的怨恨，而怨恨是会伤害心灵的。有谁愿意反复蒙受痛苦和愤恨的折磨？那么应该怎样进行道歉呢？一般来说有以下几点：

1. 如果你觉得道歉的话说不出口，可以用别的方式代替。吵架后，一束鲜花能令前嫌冰释；把一件小礼物放在餐碟旁或枕头下，可以表明悔意，以示爱念不渝；不交谈，触摸也可传情达意，千万不要低估“尽在不言中”之妙。

2. 切记道歉并非耻辱，而是真挚和诚恳的表现。伟人也有道歉的时候。丘吉尔起初对杜鲁门的印象很坏，但后来他告诉杜鲁门说以前低估了他——这句话是以赞誉的方式作出的道歉。

3. 除非道歉时真有悔意，否则不会释然于怀。道歉一定要出于至诚。

4. 道歉要堂堂正正，不必奴颜婢膝。你想把错误纠正，这是值得尊敬的事。

5. 应该道歉的时候，就马上道歉，越耽搁就越难启齿，有时甚至追悔莫及。

6. 假如你认为有人得罪了你，而对方没有致歉，你就该冷静应付，不要闷闷不乐，更不要生气。写一封短笺，或由一位友人传话，向对方解释你心里不痛快的原因，并向他说明你很想排除这烦恼。

7. 你如果没有错，就不要为了息事宁人而认错。这种没有骨气的做法，对任何人都没有好处。同时要分辨清楚深感遗憾和必须道歉两者的区别。譬如你是主管，某一部属不称职必须予以革职，你会觉得遗憾，但是不用道歉。

8. 假如你想向某人道歉，而且你有对不起他的地方，就应立刻想办法。你应该写封信，打个电话，送本书、一盆花草、一盒糖果，或者用其他任何足以表达心意的东西代你作出这样的表示：“我对彼此的隔阂深感难过，亟望冰释前嫌，甘愿承担部分或全部咎责，并盼你能接纳这点微意以及人间最能化戾气为祥和的三个字：‘对不起’。”

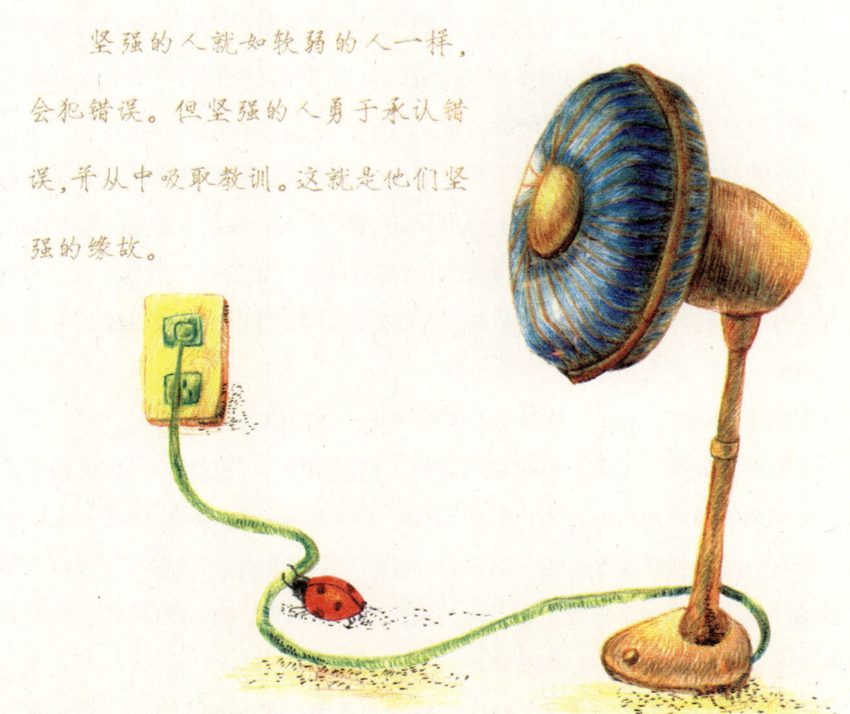

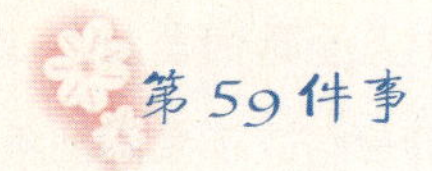

做一次人生的配角

每个人都是自己人生舞台上的主角，有时，做一次配角也是必要的。聪明人会适时隐藏自己的锋芒，学会把荣誉让给别人。不同时空能够扮演好不同角色，也是一种必要的生活智慧。其实，把荣誉让给别人并不容易，尤其在每一个人都想当主角的时候，这需要恢弘的气度。能够扮演主角，也能扮演配角的人，才是活得完整的人。

第一次登陆月球的宇航员其实共有两位，除了大家所熟知的阿姆斯特朗外，还有一位是奥尔德林。当时阿姆斯特朗所说的一句话“我个人的一小步，是全人类的一大步”早已是全世界家喻户晓的名言。

在庆祝登陆月球成功的记者会中，有一个记者突然问奥尔德林一个很特别的问题：“由阿姆斯特朗先下去，成为登陆月球的第一个人，你会不会觉得有点儿遗憾?”

在全场有些尴尬的气氛下，奥尔德林很有风度地回答：“各位，千万别忘了，回到地球时，我可是最先出太空舱的。”他环顾四周笑着说，“所以我是由别的星球来到地球的第一个人。”

大家在笑声中，给予了他最热烈的掌声——因为他对名利的豁达。

俄国寓言大师克雷洛夫曾对名利进行了精辟阐述：“这样的人更值得尊敬，他默默无闻地躲在暗地里，在漫长的辛苦的日子里无酬劳动，得不到光荣也得不到表扬；只有一种思想鼓舞着他的辛勤劳动：他的工作对大众是有益的。”当你不需要让所有的注意力都集中在你身上，反而让别人享有荣耀时，你的精神就会发生某种奇特的改变，享受到一种宁静的感觉。

我们的内心需要得到他人关注时，它会想方设法地对他人说：“看着我。我很特别。我的故事比你的有趣多了。”我们内心的声音虽然并未直接说出来，却相信“我的成就比你的重要一点”。这个自我是我们想要被看见、被听到、被尊敬、被认为特别的那个部分，通常就算牺牲别人也在所不惜。就是这个部分打断了别人的故事，或是不耐烦地等待轮到自己发言，以便将谈话的重心和注意力拉回到自己身上。大部分人或多或少都有这样的习惯，只是程度不同罢了。当你立刻跳出来将话题拉回自己身上时，你狡猾地将对方所分享的喜悦降到了最低限度，结果也拉开了你跟他人的距离。谁都没有得到好处。

不要脱口就说：“我也做过同样的事。”或“猜猜我今天做了什么事。”忍一下，看看会发生什么事。只要说：“太棒了！”或“继续说下去……”这样就好了。跟你说话的人会觉得有趣多了，因为你比较“投入”，因为你倾听得比较用心，他不会感觉到需要跟你竞争，反而会感到跟你在一起很轻松。

尤其需要提及的是，不要独占荣誉，要立即转送出去，让那些默默无闻地帮过你的朋友或部属也分享这份荣誉。当你能公开地对自己及他人承认，你并非独立达成这些成就，所以不能独享荣耀时，一种完美和谐的感觉会在你的内心和你的人际关系中浮现出来。

当你放弃贪得无厌的荣耀需求时，你以前需要从别人那儿得到的注意力也就被一种安静的内在自信所取代，而这个自信正是来自于让他人享有荣耀。

荣誉就像一只蝴蝶，
当你追逐它时，
它是难以到手的；
但是，当你安静地坐下时，
它却可能降落到你身上。

第60件事

开列一份需要舍弃的清单

回想一下（或者想一想自己现在的生活处境），因为不能舍弃、不能放手，我们面对了多少纠结无解的痛苦？深陷于多少无法自拔的困境之中？这些看似无解、凝滞的痛苦与困境，往往就在我们懂得了舍弃和放手的艺术与智慧之后，豁然开朗。生命于是向你展现出另外一个截然不同的景致和局面。

你一定有过年前大扫除的经验吧。当你一箱又一箱地打包时，是不是惊讶自己在过去短短几年内，竟然累积了那么多东西？你是不是懊悔自己为何事前不花些时间整理、淘汰一些不需要的东西，否则，今天就不会累得你连脊背都直不起来？

大扫除的懊恼经验，让很多人懂得一个道理：人一定要随时清扫、淘汰不必要的东西，日后才不会有沉重的负担。

人生又何尝不是如此！在人生道路上，每个人不都是在不断地积累东西吗？这些东西包括你的名誉、地位、财富、亲情、人际、健康、知识等等；另外，当然也包括了烦恼、忧闷、挫折、沮丧、压力等等。这些东西，有的早该丢弃而未丢弃，有的则是早该储存而未储存。

问自己一个问题：我是不是每天忙忙碌碌，把自己弄得疲累不堪，以至于总是没能好好静下来，替自己作“清扫”？

心灵扫除的意义，就好像是生意人的“盘点库存”。你总要了解仓库里还有什么，某些货物如果不能限期销售出去，最后很可能会因积压过多而拖垮你的生意。

很多人都喜欢房子清扫过后焕然一新的感觉。你在拭掉门窗上的尘埃与地面上的污垢，将一切整理就绪之后，整个人好像突然得到一种释放。

在人生诸多关口上，我们几乎随时随地都得作“清扫”。读书、出国、就业、结婚、生子、换工作、退休……每一次转折，都迫使我们不得不“丢掉旧的你，接纳新的你”，把自己重新“扫”一遍。

不过，有时候某些因素也会阻碍我们放手进行扫除。譬如，太忙、太累；或者担心扫完之后，必须面对一个未知的开始，而你又无法确定哪些是你想要的。万一现在丢掉的，将来又捡不回来，怎么办？

的确，心灵清扫原本就是一种挣扎与奋斗的过程。不过，你可以告诉自己：每一次清扫，并不表示这就是最后一次。而且，没有人规定你必须一次全部扫干净。你可以每次扫一点，但你必须立刻丢弃那些会拖累你的东西。

从呱呱落地开始，我们一直学习的都是用加法来面对人生的课题。从生理上的吃饭、长大，心理感情上的得到爱与关怀，知识上的不断学习与吸收，到物质或成就上的累积成长。一直以来，我们不断地把各种有形、无形的东西加在我们自己身上，好让自己富有、充裕，让自己壮大、盈满。我们相信，当我们在各方面都“长得像大树一样大”的时候，就是离快乐和富足的心境最近的时候。

可是，这样的信念却在某一些时候，成为卡住我们，让我们困顿、凝滞的关键。因为加法并不是面对人生的课题时唯一的解决方法，有些时候，你必须用“减法”才能够解得开。而所谓的减法，正是舍弃与放手的艺术。

生命的过程就如同参加一次旅行。你可以列出清单，决定背包里该装些什么才能帮你到达目的地。但是，记住，在每一次停泊时都要清理自己的口袋：什么该丢，什么该留，把更多的位置空出来，让自己活得更轻松、更自在。

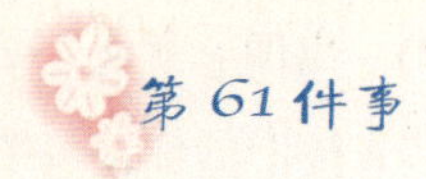

第61件事

到最艰苦的职场打一次工

对于大多数城市人来说，几乎所有的工作时间都是在舒适的办公室里度过的，人们不知道从事艰苦的工作是什么滋味。你能想象到的最艰苦的职业是什么？风吹日晒的环卫工人？高温灶台前的厨师？还是小饭馆里一刻不得闲的服务员？不管是什么，找个机会加入他们的行列，体验一下艰苦的职业，这将是你理解人生的重要一环。

第二次世界大战时美国著名的麦克阿瑟将军，曾经写过一篇令人感动的《为子祈祷文》，在文中他期待能让孩子多遭遇一些痛苦与挑战，只有这样才能淬炼出超人的意志力及克服挑战的勇气。

太顺利的际遇是一种危机，因为一切来得太容易了！

毕竟大多数人都不是含着宝玉而生的，我们仍需通过自己的努力来满足生活所需。然而，一个优秀的人是可以靠环境磨砺成才的，能够选择适当的环境磨炼自己的人，将永远是这个世界最好的适应者。环境对人的影响和暗示，其力量之大、之深刻，不容忽视。积极成功的良性循环与消极失败的恶性循环，区别在于环境。

我们的环境会塑造我们的形象，也会影响我们做事的方法。你能不能找出不是“从别人那里学来”的一个习惯或举动呢？我们本身的各种小事，例如，走路和咳嗽的样子，拿杯子的姿势，对于音乐、文学、娱乐与衣着的爱好等等，绝大部分都会受到环境直接或间接的影响。

更重要的是，你所喜欢的各种东西、个人的工作目标、生活态度与个性，都是由过去与现在的种种环境所造就的。

许多专家都同意，你今天的模样、个性与野心，目前的身份与地位，大部分都是你自己的心理环境所造成的。这些专家也认为，你一年、五年、十年，以至于二十年之后的情形，跟你将来所处的环境关系很大。

随着岁月的消逝，你会有所改变。为了使我们的将来符合理想，为我们带来满足感，应该做到哪些事情呢?

“火，考验黄金；灾难，考验勇者。”人要成功，往往需要一个可以刺激成长的环境，需要经过苦难的磨炼，需要设定一个“对手”来激发无限潜能。

不必对工作不适抱怨连连，更不能心安理得地过舒服的日子，在艰苦环境中淬炼你的意志，这是人生不可缺少的环节。只有勇敢地选择过环境，顽强地改造过环境，坚强地适应过环境，你才能够说，作为真正意义上的人，你活过了!

也许多少年后在某个地方，
我将轻声叹息把往事回顾：
一片树林里分出两条路，
而我选了人迹更少的一条，
从而决定了我一生的道路。

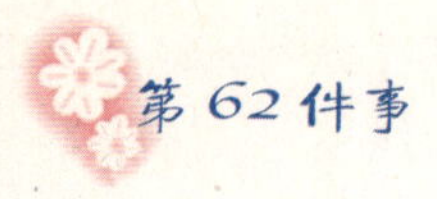

第62件事

不求回报地帮助别人一次

当帮助不仅仅是出于同情，而是出于本能时，这个世界才会真正温暖起来。

一天傍晚，他驾车回家。在这个中西部的小社区里，要找一份工作是那样艰难，但他一直没有放弃。

冬天迫近，寒冷终于撞击家门了。一路上冷冷清清。除非离开这里，一般人们不走这条路。他的朋友们大多已经远走他乡，他们要养家糊口，要实现自己的梦想。然而，他留下来了。这儿毕竟是他父母埋葬的地方，他生于斯，长于斯，熟悉这儿的一草一木。

天开始黑下来，还飘起了小雪，他得抓紧赶路。

你知道，他差点儿错过那个车在路边抛锚的老太太。他看得出老太太需要帮助。于是，他将车开到老太太的奔驰车前，停了下来。

虽然他面带微笑，但她还是有些担心。一个多小时了，也没有人停下来帮她。他会伤害她吗？他看上去穷困潦倒，饥肠辘辘，不那么让人放心。他看出老太太有些害怕，站在寒风中一动不动。“我是来帮助你的，老妈妈。你为什么不到车里暖和暖和呢？顺便告诉你，我叫乔。”他说。

她遇到的麻烦不过是车胎瘪了，乔爬到车下面，找了个地方安上千斤顶，又爬下去一两次。结果，他弄得浑身脏兮兮的，还伤了手。当他拧紧最后一个螺母时，她摇下车窗，开始和他聊天。她说，她从圣路易斯来，只是路过这儿，对他的帮助感激不尽。乔只是笑了笑，帮她关上后备箱。

她问该付他多少钱，出多少钱她都愿意。乔却没有想到钱，这对他来说只是帮助需要帮助的人。他说，如果她真想答谢他，就请她下次遇到需要帮助的人时，也给予帮助，并且“想起我”。

他看着老太太发动汽车上路了。天气寒冷且令人抑郁，但他在回家的路上却很高兴，开着车消失在暮色中。

沿着这条路行驶了几英里，老太太看到一家小咖啡馆。她想进去吃点东西，驱驱寒气，再继续赶路回家。

侍者走过来，递给她一条干净的毛巾擦干她湿漉漉的头发。她面带甜甜的微笑，是那种虽然站了一天却也抹不去的微笑。老太太注意到女侍者已有近八个月的身孕，但她的服务态度没有因为过度的劳累和疼痛而有所改变。

老太太吃完饭，拿出 100 美元付账，女侍者拿着这 100 美元去找零钱。而老太太却悄悄出了门。当女侍者拿着零钱回来时，正奇怪老太太去哪儿了，这时她注意到餐巾上有字，是老太太写的。女侍者眼含热泪读道：“你不欠我什么，我跟你一样。有人曾经帮助我，就像我现在帮助你一样。如果你真想回报我，就请不要让爱之链在你这儿中断。”

每个白昼，

都要落进黑夜的沉潭。

像有那么一口井，

锁住了光明，

必须坐在，

黑洞洞井口的边沿，

要很有耐心，

打捞着掉落下去的光明。

晚上，下班回到家，躺在床上，女侍者心里还在想着那钱和老太太写的话，老太太怎么知道她和丈夫那么需要这笔钱呢？孩子下个月就要出生了，生活会很艰难，她知道她的丈夫是多么焦急。当他躺到她旁边时，她给了他一个温柔的吻，轻声说："一切都会好的。我爱你，乔。"（刘宗亚）

助人，是给予而绝不求任何回报，能有益于他人并自感快乐就是生活给予我们的报酬。助人也是对我们的财富的一种肯定。助人等于说："谢谢你，我拥有的多过我所需要的。"这是对财富的最深刻、最有力的肯定之一。

何处去助人？帮助谁？只要敞开助人之心，需求就会找到我们。也许是朋友打来的一个电话、报纸上的一篇文章、做事时碰到的一个人，或者街上的无家可归之人。"助人者欲服务之时，即有助人之事可做。"

我们给予他人什么？给予我们所拥有的。有时是金钱，有时是益人之言，有时是一个微笑，有时是一句鼓励的话，有时是鲜花，有时是我们的才智，有时是全身心地投入把事情做好。

让我们极诚实地说吧：我们是为了纯属自私的理由而助人的——我们助人，因为那种感觉真好。知道了这一点，当你有需要的时候，你对人的最大善意之一就是允许别人帮助你。

因此在助人过程中，谁是助人者、谁是被助者，很难分辨。一如在恋爱之中，不容易分辨谁是求爱的、谁是被爱的。

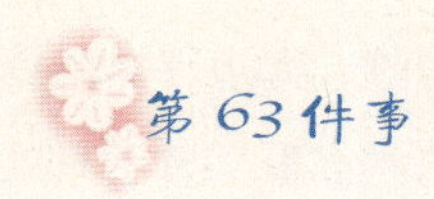

第63件事

在泰山极顶看一次日出日落

人的一生会经历两万多次日出和日落。日出时，你多在沉睡；日落时，你多在忙碌。请你，至少一次，用心观看日出和日落，不是在城市的楼宇间，而是到大自然中去，去感受白昼和黑夜交替的瞬间。

如果你的腿脚尚且灵便，那就到泰山去吧！当你站在泰山极顶，看到太阳喷薄而出的一刹那，你会明白什么是真正的伟大。那一刻，没有烦恼，没有疑问，没有伪装，心中充溢的只有陶醉和感动。

凌晨四时过后，海上仍然一片昏黑，只有澎湃的涛声。遥望东方，沿地平线露出一带鱼肚白。再上面是湛蓝的天空，挂着一弯金弓般的月亮，光洁清雅，仿佛在镇守东瀛。左首伸出黑黝黝的犬吠岬。岬角尖端灯塔上的旋转灯，在陆海之间不停地划出一轮轮白色的光环。

一会儿，晓风凛冽，掠过青色的大海。夜幕从东方次第揭开。微明的晨光，踏着青白的波涛由远而近。海浪拍击着黑色的矶岸，越来越清晰可辨。举目仰望，那晓月不知何时由一弯金弓化为一弯银弓。东方天际也次第染上了清澄的黄色。银白的浪花和黝黑的波谷在浩渺的大海上明灭。夜梦犹在海上徘徊，而东边的天空已睁开眼睛。太平洋的黑夜就要消逝了。

这时，曙光如鲜花绽放，如水波四散。天空，海面，一派光明，海水渐渐泛白，东方天际越发呈现出黄色。晓月、灯塔自然地黯淡下来，最后再也寻不着了。此时，一队候鸟宛如太阳的使者掠过大海。万顷波涛尽皆企望着东方，发出一种期待的喧闹——无形之声充满四方。

五分钟过去了，十分钟过去了，眼看着东方迸射出金光。忽然，海边浮出一点猩红，多么迅速，使人无暇想到这是日出。屏息注视，霎时，海神高擎手臂，只见红点出水，渐次化做金线、金梳、金蹄。随后，旋即一摇，摆脱了水面。红日出海，霞光万斛，朝阳喷彩，千里熔金。大洋之上，长蛇飞动，直奔眼底。面前的矶岸顿时卷起两丈多高的金色雪浪。（德富芦花）

最近11月的一天，我们目睹了一个极其美丽的日落。当我像平时一样漫步于一道小溪发源处的草地之上时，那高空的太阳，终于在一个凄苦的寒天之后、暮夕之前，突于天际骤放澄明。这时但见远方天幕下的衰草残茎，山边的树叶橡丛，顿时浸在一片柔美而耀眼的绮照之中，而我们自己的身影也长长地伸出草地的东方，仿佛是那缕斜晖中仅有的点点微尘。周围的风物是那么美丽，一晌之前还是难以想象，空气也是那么和暖纯净，一时这普通草原实在无异于天上景象。但是这眼前之景难道一定是亘古以来不曾有过的特殊奇观？说不定自有天日以来，每个暮夕便是如此，因而连跑动在这里的幼小孩童也会觉得自在欣悦。想到这些，这副景象也就愈发显得壮丽起来。

此刻落日的余晕正以它全部的灿烂与辉煌，以往日少见的艳丽，尽情斜映在这一带境远地僻的草地之上；这里没有一间房舍——茫茫之中只瞥见一头孤零零的沼鹰，背羽上染尽了金黄，一只麝香鼠正探头穴处，另外在沼泽之间望见了一股水色黝黑的小溪，蜿蜒曲折，绕行于一堆残株败根之旁。我们漫步于其中的光照，是这样的纯美与熠耀，满目衰草树叶，一片金黄，晃晃之中又是这般柔和恬静，没有一丝涟漪，一息呜咽。我想我从来不曾沐浴过这么幽美的金色光波。西望林薮丘岗之际，彩焕灿然，恍若仙境一般，而我们背后的秋阳，仿佛一个慈祥的牧人，正趁薄暮时分，赶送我们归去。

我们在踯躅于圣地的历程当中也是这样。总有一天，太阳的光辉会照耀得更加艳丽，会照射进我们的心扉灵府之中，会使我们的生涯洒满了更加彻悟的奇妙光照，其温煦、恬淡与金光熠耀，恰似一个秋日的岸边那样。（梭　罗）

日出日落的那一刻总是稍纵即逝，请你，一定要静心等待，在长久的等待和瞬间的辉煌出现的刹那，你会领悟到——人生的际遇也是如此。

体验一次离愁别绪

当你将远行时我有些心痛，想不到送别时是飘雨的天空，我们都将踏上渺茫的前程，也作好准备去度过风雨人生，我会给你写信的……

不会问你路上天空响不响雷，身旁刮不刮风，只问你旅程中手里有没有伞，天上有没有虹……

——于洛生

人的一生中或多或少都经历过送别：送亲朋、送同学、送父母、送爱人、送子女、送同学、送战友……任何一种送别都或多或少要经历情感的波动。

一篇描写站台的散文细致地勾勒出人们在送别时表露出的真爱，文中写道：

“站台，是一个细腻多情的少女，又是一个粗犷豪放的汉子，它身上淌着南方河的气息，它肩上托着北方山的情志，它怀着对往日的追忆，它举着对明天的期盼。”

“毕竟，时代的站台，已缩短了远方与远方的距离、心与心的距离，已走出柳永‘杨柳岸，晓风残月’的冷艳，已走出了荆轲‘风萧萧兮易水寒’的悲怆，已走出了王维‘劝君更进一杯酒’的孤寂。于是，便有我们这一辈人揣着激情，西走日喀则，东奔大亚湾，北穿漠河，南跨老山。”

“我向往着远方，还因为在驶向远方的路上有许多站，站上有许多故事，故事里有许多相识或不相识的朋友，朋友们以他们各自的送行方式表述着爱意。”

“人生是流动的，生活是流动的，爱却永久地站着，与坚固的站台一起挥手相送。”送别也许只是生活的一个小插曲，却在记忆中留住岁月，它并不只是一种礼仪，站台上总是流淌着温情。当我们在站台上送别的时候，心中洋溢着纯真的爱。

第65件事

品味一次你垂涎已久的美食

对美食的品味是一种技艺，是古老的，无止境的，而它又不同于一般技艺，因为它有一定的思想性、历史性。艺术的饮食活动最核心的内容是提高人们对味的认识，通过知味、辨味、评味、赏味的过程，丰富了精神生活，创造出一种舌头上的世界观，用它比较现实生活中的善味、恶味、臭味、香味、霉味、美味、没味、酸味、甜味、苦味、辛辣味、腐败味、邪恶味、清新味、清高味。美味诚然是一种美，回味则更是一种大美、至美。

从飞机上看下来，罗马的近郊，尽是一些农田和果园。我们由酒店出发，经一小时车程，抵达一个小镇，目的是去吃烤野猪。

整只毛鬃鬃的野猪，剥皮，开膛，取出骨头之后，抬到另一间小屋去烧。控制温度的是一位老太太，她的烧烤工夫已超过60年。

首先把松木烧成细炭，烤一百多斤重的猪，烤炉得非常巨大，像一间房子。这么一烤就要四小时，慢火……

四小时很快过去，野猪烤好了。刀切下去，像糯米团那般软绵绵，野猪肉硬的印象完全扫清。其香味，至少有家养猪的十倍浓。

中间的肉，还有点儿血淋淋。牛肉生吃不要紧，猪不行。到底吃不吃？正在犹豫，烤猪的老太太说不要紧，已经熟了，一片片吞下肚。你能吃，我也能吃，学足她的手势，一片片吞下肚。

香，多汁，软熟，与中国的烧金猪完全不同，当然皮没有我们烤得那么爽脆，但以野猪味补其不足，是毕生尝过的美味的一餐。吃完把手擦干净，大叫：“朕，满足也。”

同行友人嫌残忍，不敢吃。我亦尊重她的意见，不过，我说，家猪你吃不吃呢？对方点头。野猪又有什么分别？这家伙横行霸道，一生摧毁农作物无数，更有用尖牙撞死小孩的例子，若不食此厮，家养猪更不能碰。

听了有点道理，友人用刀叉试了一口，已不能停止。到后来干脆用手撕，吃得满嘴是油。

这才是享受人生嘛！（蔡　澜）

中国人在吃的方面是颇讲究艺术的，为此，有人还曾煞有介事地考证出：反观中国的文化史，其实就是一部吃的历史。《红楼梦》里贾府那盆鸽子蛋的制作工序之繁之考究，便足以让人目瞪口呆，难怪刘姥姥明明是不小心把一个鸽蛋掉在了地上，却硬是戏谑成“一两银子掉在地上一无声响儿。”又如作家陆文夫长篇小说《美食家》里的朱自治，你能说他那道拿手菜：肥鸭肚里藏嫩鸡，鸡肚子里填乳鸽，盆边还要围上一圈鹌鹑蛋的“三套鸭子”，不是一种令人叹为观止的艺术？在吃的方面讲究点艺术，没有什么不好。倘是鹌鹑蛋只能煲三喜汤，肥鸭只能用盐水煮，嫩鸡只能电烤，谁又能百吃不厌呢？

交一个异地或异国的朋友

现代人常发出这样的感叹：工作节奏越来越快，生活圈子越来越小，以至于在自己的周围越来越难以发现志同道合的朋友。于是，身处人海中，人们还是倍感孤寂，渴望友谊与爱情的造访。何不交一个异地或异国的朋友呢？20世纪50年代，无数意气风发的中国少年就曾以通信的方式结交了前苏联的同龄笔友，由此引发出数不清感人的友情故事。而在今天，我们可以找到更多的机会与异地的朋友相识：旅途中、工作交往时、互联网上……

你的生活将重新焕发异彩——跨越千山万水，有一颗跳动的心与你同在……

微不足道的小事往往会演变成人生的重大经历！我从历时20年方告结束的一段生活经验中认识了这个真理。

这经验是我在21岁读大学时开始的。有一天上午，我在孟买出版的一本行销很广的杂志某页上看到世界各地征求印度笔友的年轻人的姓名和通信地址。我见过我班上男女同学收到未曾谋面的人寄来的厚厚的航空信。当时很流行与笔友通信，我何不也试一试？

我挑出一位住在洛杉矶的艾丽丝作为我写信的对象，还买了一本很贵的纸簿。我班上一个女同学曾告诉我打动女人芳心的秘诀。她说她喜欢看写在粉红色信纸上的信。所以我想应该用粉红色信纸写给艾丽丝。

“亲爱的笔友，”我写道，心情紧张得像第一次参加考试的小学生。我没有什么话可说，下笔非常缓慢，写完把信投入信箱时，觉得像是面对敌人射来的子弹。不料回信很快就从遥远的加利福尼亚州寄来了。艾丽丝的信上说：“我不知道我的通信地址怎会列入贵国杂志的笔友栏，何况我并没有征求笔友。不过收到从未见过和听过的人的信实属幸事。反正你要以我为笔友，好，我就是了。”

我不知道我把那封短信看了多少次。它充满了生命的美妙音乐，我觉得飘飘欲仙！我写给她的信极为谨慎，决不写会使那位不相识的美国少女感到唐突的话。英文是艾丽丝的母语，写来非常自然，对我却是外文，写来颇为费力。我在遣词用字方面颇具感情，并带羞怯，但在我内心深处却藏有不敢流露的情意。艾丽斯用端正的笔法写长篇大论的信给我，却很少显露她自己。

从万余公里外寄来的，有大信封装着的书籍和杂志，也有一些小礼物。我相信艾丽丝是个富裕的美国人，也和她寄来的礼品同样美丽。我们的文字友谊颇为成功。不过我脑中总有个疑团。问少女的年龄是不礼貌的，但如果我向她要张相片，该不会碰钉子吧。所以我提出这个要求，也终于得到她的答复。艾丽丝只是说她当时没有相片，将来可能寄一张给我。她又说，普通的美国女人都比她漂亮得多。这是玩躲避的把戏吗？唉，这些女人的花样！

岁月流逝。我和艾丽丝的通信不像当初那样令人兴奋。时断时续，却并未停止。

我仍在她生病时寄信去祝她康复，寄圣诞卡，也偶尔寄一点儿小礼物给她。同时我也渐渐成熟，有了职业，结了婚，有了子女。我把艾丽丝的信给我妻子看。我和家人都一直希望能够见到她。

然后有一天，我收到一个包裹，上面的字是陌生的女人的笔迹。它是从美国艾丽丝的家乡用空邮寄来的。我打开包裹时心中在想，这个新笔友是谁?

包裹中有几本杂志，还有一封短信。“我是你所熟知的艾丽丝的好友。我很难过地告诉你，她在上星期日从教堂出来，在回家途中因车祸而身亡。她的年纪大了——四月中旬已是78岁——没有看见疾驶而来的汽车。艾丽丝时常告诉我她很高兴收到你的信。她是个孤独的人，对人极热心，见过面和没见过面的，在远处和近处的人，她都乐于相助。”

写信的人最后请我接受包裹中所附的艾丽丝的相片。艾丽丝说过要在她死后才能寄给我。

相片中是一张美丽而慈祥的脸，是一张纵使我是一个羞怯的大学生，而她已步入老年时我也会珍爱的脸。（佚　名）

第67件事

衷心地赞美别人一次

一句话可以改变、诠释许多事……一句好话可以使人心情愉快；一句坏话不仅伤人，也伤害自己。衷心的赞美，可以增进他人的信心；恶毒的辱骂，可以抹杀一个人的勇气！真诚的谏言，让人乐意接受；虚伪的巴结，让人想接受也难，不想接受也难……愿你多说好话！

那时，我在明尼苏达圣玛丽学校教三年级。在我眼里，全班34个学生无一不可爱，但马克·艾克路得却是个异类。他干净整洁的外表，和他那与生俱来的乐天本质，使得他那经常性的捣蛋往往变得可爱起来。

每次我指出马克的缺点时，他都诚恳地回答："老师，谢谢你纠正我。"刚开始我还真不知道如何反应，但后来我逐渐习惯了一天要听好几次这样的话。

有一次，我要学生们在两张纸上列出班上其他同学的名字，每个名字间留点间隙。然后我要他们把每位同学最好的地方写下来。

那个星期六，我把每位学生的名字分别写在一张张纸上，并且把其他同学对每个人的评语都写在上面。星期一，我把每位学生的优点表发给他们。有些人足足用掉了两张纸。不久，每个人脸上都露出了微笑。我听到有人小声说："真的吗？""我从来都不知道别人会这样觉得呀！""我没有想到别人竟然会这么喜欢我！"

此后，没有人在课堂上提到那些字条。我也没有想过，学生们会不会在课后或和他们的父母讨论那些字条，但事实上这已不重要。学生们又恢复了往日的欢笑。

学生们渐渐长大，各奔前程。数年后，有次我结束假期返家时，父母来机场接我。开车回家途中，母亲一如既往地问我旅途种种：像天气如何、有何新鲜事等等。

但语气间似乎还透露着安抚的味道。母亲向父亲使了个眼色，父亲清清喉咙说：“艾克路得家昨晚打电话来了。”“真的？我好几年没有他们的消息了？不晓得马克好不好？”父亲沉着脸回答道：“马克在越战中死了！葬礼就在明天。他的父母希望你能参加。”直到今天，我还清清楚楚地记得自己听到噩耗时的震惊情形。

我是最后一个对棺木画十字的人。我静伫在那里，其中一个士兵，也就是护柩者之一向我走来，问道：“你是马克的数学老师吗？”我点点头，继续凝视着棺木。他说：“马克经常向我谈起你。”

葬礼之后，马克的老同学大部分都前往查克的农舍用午餐。马克的父母也在那儿，显然是在等我。他的父亲说：“我们想给你看样东西。”接着他从口袋里拿出一个皮夹，“这是马克过世时他们在他身上找到的，我们想你可能会认得。”

打开皮夹后，他小心翼翼地取出两张破旧的笔记纸，显然这两张纸已被粘补、折了又折无数次。我看都不用看就知道，这是我把马克的同学们说他的好话列在上面的那两张纸。“非常感谢你为他做的事。”马克的母亲说，“而且，如你所见，马克十分珍惜。”

想想你周围的人的优点，即使是那些你看着“不顺眼”的人。

发自内心地对离你最近的人说：“我欣赏你，因为……”

马克的同学们开始聚集在我们周围。查克羞怯地微笑着说道："我也保留了那张表。就在我书桌最上面的抽屉里。"约翰的妻子说："约翰要我把那张表放在结婚相簿里。""我也有!"玛丽莲说，"夹在我的日记本里。"然后另一个同学维琪从她的袖珍包里取出皮夹，把那张破烂不堪的纸拿给大家看，"我随身带着。"维琪神态自若地说，"我想我们都保留着别人对我们的赞美。"（海伦·慕斯勒）

与人相处，就应该多想想对方的优点，多多赞美他们，肯定他们。语言像是一种咒语，它可以让人快乐、愤怒、悲伤，也可以让人勇气十足、信心百倍。

如果你想让人知道他自身具有的品质，一定要在他的心里点上一把火，这个办法终会奏效。他会体会到那种尖锐和兴奋的感觉，这种感觉可以推动人展露新的生气。他开始感觉自己具有以前从未发挥出来的品质——实际上也是他以前从不知道自己具有的品质。日增的兴趣转为振奋，他真正活出来了——对自己、对工作、对别人都是这样。他乘着激励的力量翱翔，他已经捕捉到"你认为你行，你就行"的道理。

这种经验激发我们热切地相信人有伟大的潜能。永远不要轻视任何人。我们总是有可能促使别人开放，自己也能获得人类最伟大的经验——认识和找到自己。你可以改变，变成一个新人，变成复活的人。旧的已经过去，一切都是新的，充满了活力。

把所想的一件浪漫的事变为现实

你能想到的最浪漫的事是什么？是和爱人共享烛光晚餐，还是在夕阳的余晖中漫步于海滨，或者像徐志摩一样，潇洒地走过万水千山，不带走一片云彩？你一定幻想过很多浪漫的片段，只是，在潜意识里，你把浪漫束之高阁了。千万不要以为浪漫离自己很遥远，只是那些文雅之士的专利，浪漫是生活中最美妙的插曲，它属于你，也属于我。比起理想、才华、财富等事情，浪漫更容易实现，不是吗？那么还犹豫什么呢？用尽全力地浪漫一回吧，你将从中得到无限的快乐。

自从意识到自己身患这种“不治之症”后，我便默默地接受了这个事实。这期间，我未曾有过一丝挣扎。

因为我深信，浪漫无罪！

为它而死，死而无憾。

之所以用这样黑色的口吻来诉说“浪漫”一事，吐露的无非是一种无奈的伤感——一种不为世人所容的慨叹。

曾经，当你我都更年轻、更单纯且涉世未深之时，生命里涌动着无比的热情，任何不经意的挥洒，都可能成就出一幅动人的、属于自己的图案，且从此，这张色彩浪漫的影像便会不时插播于脑海之中，及时拉起自己此刻沉沦的心情，乘着记忆的翅膀，飞向浪漫的从前……

或许那是个曦微初露的清晨——你不屈不挠地踏遍了家及学校附近的所有花店，只为寻找一束深具“离别”意味的黄玫瑰，要把它交至即将远行的友人手中，希望她（他）握着你的祝福，别后的日子能更顺利。

或许那个小雨淅沥的午后——你睥睨着身旁拥挤于一把小伞下，结果却还是都湿了半个身子的三四个人，耸肩摇头："没伞又如何?"遂兀自蹬着你心爱的坐骑，漫行雨中，一面哼着"Rain drops falling on my head"这首轻松小调，一面还不忘示范《虎豹小霸王》一片中保罗·纽曼所表演过的单车特技。

更可能那个凉风轻拂的夜晚——你裹着一袭单薄的衣衫，瑟缩在泛着草香的平野上、星空下，仰首等待着一颗流星的经过，贪婪地要向它倾吐心底的夙愿，急切地要为心爱的家人、好友祈福……直到眼也花了，脖子也酸了，发也乱了……

最后，人也老了。心灵不再易感，行为不再洒脱。同样飘在天上的白云，落到地下的黄叶，此刻，却再也无法让你心中有一丝触动与惊喜：你是真的老了！

老了，是因为浪漫的殇逝。你无法再坚持这种所谓"不切实际"的"年少"情怀，"他们"总是絮絮叨叨地劝你要把精神心力放在"名、利、权"的争逐上，而你也隐约感到这三者之于你的诱惑越来越难以抗拒……

终于有一天，你清楚地意识到自己已变成一个不折不扣的叛徒，"浪漫主义"这个曾经一度令你倾命相随的信仰，如今也只能偶尔在心境难得澄明的午夜时刻轻轻撩拨你那根锈而未朽的心弦，下意识唱出的还是那首熟悉的调子，虽然走了音却依然令人心动。

留下寂寞的我等——浪漫而不悔。但其实，谁又知道我们还能坚持多久？说不定，到头来我也是逃兵一个！（黄翠华）

有人说，巴黎女人是最懂浪漫的。巴黎女人的浪漫并不仅表现在香奈儿5号的味觉感官上，也不仅表现为在香榭丽舍大街的法国梧桐下与情侣漫步，更多浪漫的细节是：清凉如水的夜里，别墅灯火辉煌，穿一袭曳地黑色长裙，披一件华美披肩的美丽冷艳女人的出现，女人的红唇呷着淡黄色的香槟，眼睛却随处一扫，间或放下高脚杯，去浅尝鹅肝酱和刚出炉的面包，那种难以言表的精致细腻的浪漫，直把人的每个神经末梢都熨烫舒展。但是，你可以从巴黎女人那里感受浪漫，但无法复制浪漫。曳地黑色长裙不是浪漫，香槟也不是浪漫，巴黎女人的浪漫绝妙在随性，她们把浪漫当成很平常的一件事，一点儿也不刻意。所以，浪漫是由心而生的，不必刻意追求形式，有一颗浪漫的心，你便是浪漫之人。

第69件事

撒一个善意的谎

有时候，你需要用善意的谎言来保护别人的自尊。无论是谁，都应该学会保护别人的自尊。不能轻易嘲笑任何一种要求和建议。每个人都要有尊严地活着，而给一个人尊重比给他什么都更重要。

我13岁的时候，在英国的一个小镇上读书，我与祖母相依为命，因为缺乏管教，我顽劣好斗，成绩很差。这时，美丽的女教师尤金妮娅来教我们音乐，她总是在课堂上夸奖我唱得好，并总是让我领唱，我的自信心渐渐树立起来了，不管上什么课都很少捣蛋，同学们看我的眼神也不再充满鄙视。我发现自己狂热地爱上了尤金妮娅，尽管她比我大了至少十岁。

夏天的最后一节音乐课，尤金妮娅要我们默写五线谱。十分钟后，尤金妮娅叫我走上前去和她一起给学生记分。那天她穿着一件低领开口的衬衣，她的那枚漂亮的蝴蝶胸针就别在让我心惊肉跳的部位。起初我还能够认真记分，但很快我就心不在焉起来。尤金妮娅的两只胳膊都伏在讲台上，整个雪白的胸部通过低低的领口暴露在我的眼前，我开始了很没有道德的偷窥。我是如此痴迷，以至于忘记了这是在课堂上，尤其要命的是讲台下还有几十双眼睛在看着我们，而且我的右手甚至不由自主地伸向她的胸部。教室里突然涌起了一阵骚动，有人开始阴阳怪气地吹口哨，但该死的我竟然没有听见！

尤金妮娅条件反射地握住了我已经触摸到她胸部的手，我看见她的眼里有一丝诧异也有一丝愤怒。刹那间，我醒悟了过来，触电似的抽出手，羞愧得无地自容。尤金妮娅很快就恢复了她的微笑，她摸了摸蝴蝶胸针，然后将拇指和食指捏在了一起朝空中扬了扬，对大家笑着说：“蚂蚁怎么爬到我胸针上来了，乔塞，谢谢你帮我捉掉了一只，你没有发现还有一只吗?”教室里的骚动顿时平息了，同学们都以为是真的，他们根本看不清老师的手里其实什么也没有！

上完这一节音乐课后，我再也没有看见尤金妮娅，据说她到伦敦的一所贵族中学任教去了。尤金妮娅走的那天，许多学生都去送她，但是我因为心虚没有去。令我吃惊和欣喜的是，尤金妮娅托一位女孩转交给我一个包裹，里面是几本讲述青春期生理健康的书，还有一封信——

“亲爱的乔塞：

“你是我教过的最聪明的学生之一！当我知道你的不幸身世以后，我就下决心帮你重新树立起奋斗的信心，你没有让我失望，我很满意。那天，你有一个很傻的举动，不过这并不要紧，青春懵懂的时候谁都可能犯错误，我知道你并没有邪念，

但是，你应该好好读一读我送给你的这几本书。尊严无价！一个优秀的老师应该懂得如何体面地维护一个少年的自尊，而不是粗暴地摧毁它，因为尊严是我们充满信心笑对生活的强大动力。另外，我将那枚蝴蝶胸针送给你，希望你能喜欢。你永远的尤金妮娅！”

我翻开包裹里的一本书，那枚美丽的蝴蝶胸针赫然在目！

很多年后，我终于没有辜负尤金妮娅的期望，成了一名作曲家，我创作的《青涩岁月里的蝴蝶胸针》连续数周在流行音乐榜上排名第一，许多少男少女听后都流泪了，因为它讲述的是真实的故事，那就是青春的尊严永远无价！（青衣江）

我们周围确实有很多平庸的人，有这样或那样的缺点，甚至称得上愚蠢。但是，即使对这样的人，我们也不能瞧不起他们，因为在这个世界上，我们不可轻视、忽略任何人的感受。

也许，这种人在我们的生活中不胜枚举。但是，如果我们有瞧不起他们的念头，那么，我们终将毁灭自己。就算我们心中不喜欢对方，也没必要让对方看出来。这么做并不是卑鄙，反而是一种聪明的态度。

这种人很可能给我们很大的帮助。倘若我们曾经瞧不起他，那么，当我们需要对方帮助时，对方绝对不会伸出援手。每个人都有自尊心，只要我们曾经轻视他，他永远都会记在心中。

当我们极力隐瞒的罪恶和缺点被人触及时，一定会觉得非常难过。因此，将心比心，我们就不会随口把别人的隐痛说出来。能够把自己的过错告诉朋友的人相当多，但是，能够把自己的弱点或缺点告诉他人的人少之又少。

同样，有的朋友会指出我们的过错，可是会当面说我们愚蠢的人，几乎没有。无论是自己说的或他人说的，不恰当的话会深深伤害自尊心。

任何人只要稍微感觉受到侮辱，便会觉得愤怒，所以，如果我们不想制造敌人，说话最好谨慎一点儿。

年轻人有时为了表现自己的优越感或为了博取周围人的好感，而会暴露他人的弱点或缺点。然而，这种做法并不值得鼓励。这么做，当时或许能引起周围人的笑声，但是，很可能树立一个终生的敌人。到了那个时候，你会永远失去曾经和你一起欢笑的朋友。

第70件事

给自己颁发一个“奖”

可以说，给自己颁发一个“奖”，是自我激励的重要部分。诚恳的鼓励不仅能给别人以力量，而且还可以帮助自己努力求得发展。不断进行自我奖励，这会使你的成就和你的行动连成一体，为你提供持久不衰的幸福感。

特别重要的是要记住，在你失败或者失误的时候要亲吻自己。自我的激励，能使你的待人处世的方式和领导管理能力逐渐趋于成熟。不要总是自责或惩罚自己，在取得成绩的时候要学会赞扬和奖励自己。庆祝成功并知道自己值得奖励，这很可能是最重要的技能。

中国人如今太需要懂得“奖励自己”这个道理了。中国千百年来的传统教育都强调“克己”二字，这其实是有很大的片面性的。这往往容易把“忧国忧民”、“艰苦朴素”这类行为过程曲解为人生追求的目标，使得中国人祖祖辈辈想到的只是奖励他人，或者等待他人的奖励。这样的一种事实，除在某个角度可谓“崇高”、可谓“悲壮”外，从某种程度上而言真是有点儿悲哀！列宁说过：“不懂得休息，就不懂得工作。”这才是真正的辩证唯物主义。工作和休息是对立统一的，创造和享受是相辅相成的。我们应该成为快乐的劳动者，我们有理由成为快乐的劳动者，而一个快乐的劳动者，是懂得“奖励自己”的。这也说明了，“奖励自己”本身就包含着劳动价值的实现和对劳动者本人的尊重。

自我奖励是你自己颁奖给自己，而非别人颁发给你。自我奖励是只要完成一项目标或任务（不管在竞赛中是输或是赢），就要奖励自己一次。

如果你善于自我奖励，那么你将沐浴在一种完全积极、胜利的情绪之中，可能你身上的西装、领带、鞋子、公事包、眼镜、手表、手机，家中或办公室的摆设、用品……任何一件东西背后都有其光辉的意义，它们所带给你的激励，不会亚于那些锦旗或奖牌。如果你给自己的奖励是去旅游、吃一顿牛排或看一场电影，那么也不难想象当时的心情和感受是如何的棒了。

不要吝啬，尤其是对自己，请随时随地奖励自己一下，不要忘了——“你自己才是你最要好的朋友、最大的客户”。

当你达到生命中心的时候，

你将在万物中，

甚至在看不见美的人的眼睛里，

也会找到美。

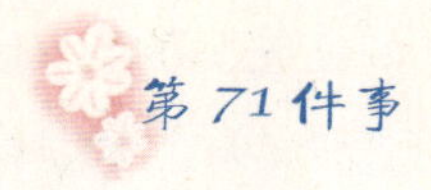

找到一种突破困境的方式

史铁生，中国最顽强的作家，一个戏谑自己“职业是生病，业余是写作”的精神英雄，他这样阐述如何面对困境：“对困境先要对它说‘是’，接纳它，然后试着跟它周旋，输了也是赢。再比如说死亡，你一听见它就着急、生气、发慌，它肯定就会以更加狰狞的面目找你了；你要是镇静地看它呢，它其实也很平常。死，什么样儿？就像你没出生时那样儿呗。死，不过是在你活着的时候吓唬吓唬你，谁想它想得发抖了，谁就输了；谁想它想到坦然镇定了，谁就赢了。当然不能骗自己，其实这件事你想骗也骗不了。但是你要先对它说‘不’，固执地对它说‘不’，其实所有的困境，包括死，都是借助你自己的这种恐慌来伤害你的。”

一个女儿对父亲抱怨她的生活，抱怨世事都那么艰难。她不知该如何应付，想要自暴自弃。她已厌倦抗争和奋斗，好像一个问题刚解决，新的问题就又出现了。

她的父亲是位厨师，他把她带进厨房。他先往三只锅里各倒入一些水，然后把它们放在旺火上烧。不久锅里的水烧开了。他往一只锅里放些胡萝卜，第二只锅里放入鸡蛋，最后一只锅里放入碾成粉末状的咖啡豆。他将它们浸入开水中煮，一句话也没说。

女儿咂咂嘴，不耐烦地等待着，纳闷父亲在做什么。大约20分钟后，他把火闭了，把胡萝卜捞出来放入一个碗内，把鸡蛋捞出来放入另一个碗内，然后又把咖啡倒进一个杯子里。做完这些后，他才转过身问女儿：“亲爱的，你看见什么了？”

“胡萝卜、鸡蛋、咖啡。”她回答。

他让她靠近些并让她用手摸摸胡萝卜。她摸了摸，注意到它们变软了。父亲又让女儿拿一只鸡蛋并打破它。将壳剥掉后，她看到的是一只煮熟的鸡蛋。最后，他让她啜饮咖啡，品尝到香浓美味的咖啡，女儿笑了。她怯声问道：“父亲，这意味着什么？”

他解释说，这三样东西面临同样的逆境——煮沸的开水，但其反应各不相同。胡萝卜入锅之前是强壮的，结实的，毫不示弱；但进入开水后，它软了，变弱了。鸡蛋原来是易碎的，它薄薄的外壳保护着它呈液体的内脏；但是经开水一煮，它的内脏变硬了。而粉末状咖啡豆则很独特，进入沸水后，它们与水融为一体，并改变了水。“哪个是你呢？”他问女儿，“当逆境找上门来时，你该如何反应？你是胡萝卜，是鸡蛋，还是咖啡豆？”

你呢，我的朋友，你是看似强硬，但遭遇痛苦和逆境后畏缩了，变软弱了，失去了力量的胡萝卜吗？你是内心原本可塑的鸡蛋吗？你先是个性情不定的人，但经过死亡，分手，离异或失业，是不是变得坚强了，变得倔强了？你的“外壳”看似和从前一样，但你是不是因有了坚强的内心而变得严厉强硬了？或者你是咖啡豆

没有人能真正把你拉得很高——你会抓不牢绳索。可是，你凭自己的双脚，却可以攀山越岭。

吗？它改变了给它带来痛苦的开水，并在它达100摄氏度的高温时让它散发出最佳香味，水最烫时，它的味道更好了。如果你像咖啡豆，你会在情况最糟糕时，变得坚强，并使周围的情况变好吗？

问问自己是如何对付逆境的。你是胡萝卜、鸡蛋，还是咖啡豆？（佚　名）

世界上没有人一辈子一帆风顺。任何一个人都会遇到逆境。得不到信任、无端遭受打击和排斥、经济拮据、事业不顺利等种种困难和不如意，使无数人的心中充满烦恼。

纪伯伦说，除了通过黑夜的道路之外，人们无法到达黎明。海伦·凯勒深切地感受到，在进行无比丰富的生命体验的过程中，如果一帆风顺，那我们将失去一些发自内心深处的无上喜悦。只有穿越黑暗幽深的山谷，到达山顶的时候才会欣喜若狂。没有逆境中的苦战，哪有强者的胜利？没有战胜困难的艰辛，又哪有成功者的喜悦？逆境过后只有两种结局，一是失败者的气馁，二是成功者的欢欣。战胜一次逆境，人生就多一份充实和成就。被逆境征服的人，就只能在失败面前垂头丧气。

一个孩子要学会走路，先得学会摔跤。卓越者有一个特点，就是在逆境中百折不挠。摔一次，站起来，再摔一次，再站起来。摔了若干次，爬起来若干次，他的筋骨因摔过许多跤而强健了，他的意志因磨炼过而变得坚强。“如果你脚下倒伏着一千名失败者，那就把我算做第一千零一个吧！”这才是强者的勇气。

第72件事

做一次志愿者

人需要在道德上自我肯定，他要通过社会来证明自己是有爱心的，而非一个利禄之徒。人们在做好事的时候，一个理想的境界就是行善是发自内心的志愿，而不是他人的命令。如果是后者，行为就会异化，就会成为一种外在与自我的累赘。只有真正源自内心的善行，才会激发起一种强烈的道德快感，拥有持久的精神动力。作为一个真正的志愿者，你会感到自己对别人有用，感到自我价值的实现。

“5·12”之前，他们有着不同的职业、不同的肤色、来自不同的地方；“5·12”之后，他们纷纷涌向了地震灾区，有了一个共同的名字——志愿者。

看到有那么多人需要帮助，我实在停不下来。而且，只有不停工作，才能让我不去想妈妈。

——失去母亲的初二女学生忍悲当起志愿者

大灾面前，大家一起努力，中国人很了不起！

——美国志愿者

记者：“你打算在这儿待到（做志愿者）什么时候？”

憨厚的唐山农民笑了笑：“我把户口本转过来都行啊！”

——唐山志愿者

如果眼泪是一种财富，徐本禹就是一个富有的人。在过去一年里，他让人们泪流满面。从繁华的城市走进大山深处，他用一个刚刚毕业的大学生稚嫩的肩膀，扛住了倾颓的教室，扛住了贫穷和孤独，扛起了本来不属于他的责任。也许一个人的力量还不能让孩子的眼睛铺满阳光，爱，被期待着。徐本禹点亮了火把，刺痛了人们的眼睛。

——2004 年“感动中国”颁奖辞

幸运地，我来到这里，成为一名奥运志愿者。在观众服务部的工作中，虽然自己承担的都是一些简单的工作，但我却感到了自身的价值在一点一点实现。同时，在这些小事情中所感到的被需要和被信任更是让我无比充实和快乐。

幸运地，我来到这里，加入了一个团结、积极、快乐、温馨的集体。因为你们，我不再害怕，有了迎接新生活的勇气；因为你们，我不再彷徨，心的脚步有了新的方向。

张开手起飞，飞越更多的空间去体验，我的青春没有极限！

——北京奥运会志愿者王颖

我宁为灰烬，而不愿是尘埃。我宁愿让我的火花在灿烂的火焰中烧尽，而不愿为干尘所窒息。我宁为一颗壮丽的星辰，让我的每一个原子放出奇光异彩，而不愿是一颗沉睡不醒的行星。人生的真正意义是发挥作用，而不是存在。

志愿者的价值和意义并非金钱所能衡量。它提供的是金钱无法买到的人间温暖：关怀和帮助，友谊与同情。

先决定什么机构的宗旨是自己关心的，并决定自己必须付出多少时间——即使一个月只有一个小时也无所谓。然后就捐出这个时间，除了欣慰感之外，别期待任何金钱回报。

当志愿者，就等于付出生命中最宝贵的东西——时间。你在向自己，向你的团体宣示你看重这种分享。此外，这样做还可以加强你与社会的联系。归属于一个比家庭更大的团体，你会获得一种深深的满足感。

就许多方面而言，付出时间就是回报我们每天都收到，但我们大都视为理所当然的礼物——生命。若要表示我们是一个大团体的一部分，要表示我们彼此大都有共通处，付出时间只是一种微不足道的方式。但是，当你付出时间做志愿者时，就表示你肯定那种归属感。

今天就开始。坐下来打几个电话，看看你所挑选的几个机构是否需要帮忙。他们一定很乐意接纳你。事实上，当你出现在他们的办公室时，你可能会觉得自己好像是世界上最伟大的人似的。

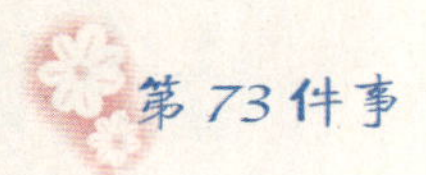

为灾区及慈善机构募捐一次

在德国北方一个小镇的修鞋店内，有一个用红白大理石修建的专为非洲捐鞋的“捐鞋台”，几乎每天捐鞋台上都摆放着各种各样的鞋，这些鞋看上去都非常干净，同新鞋没有什么两样。震撼着人们内心的，是店内正面墙上悬挂的一幅黑白大照片：一个瘦骨嶙峋的黑人躺在杂草丛生的公路旁，两手抱着流血的双脚，痛苦万状。鞋店店主正是因为看到这张20世纪60年代的照片，改变了自己的人生。他萌生了向非洲捐鞋的想法，于是他辞去鞋厂主管的职务，办了修鞋店并修建了捐鞋台。他说：“看到这张照片时，我有生以来第一次在众人面前流下了眼泪，那是一个日耳曼男人的眼泪，这绝不是轻易流淌的。”

向灾区以及慈善机构捐赠，其实是在捐出一份诚挚的爱心。

我在加拿大学习期间遇到过两次募捐，那情景至今令我难以忘怀。

一天，我在渥太华的街上被两个男孩子拦住去路。他们十来岁，穿得整整齐齐，每人头上戴着个做工精巧、色彩鲜艳的纸帽，上面写着“为帮助患小儿麻痹的伙伴募捐”。其中的一个，不由分说就坐在小凳上给我擦起皮鞋来，另一个则彬彬有礼地发问：“小姐，您是哪国人？喜欢渥太华吗？小姐，在你们国家里有没有小孩患小儿麻痹？谁给他们付医疗费？”一连串的问题，使我这个有生以来头一次在众目睽睽之下让别人擦鞋的异乡人，从近乎狼狈的窘态中解脱出来。擦完鞋，我问该付多少钱，他们说：“给多少都行。”“五分也行。”其中一个补充道。当我把五加元放到他们胸前的布袋里时，他俩争着用稚嫩、优美的童音大声说：“谢谢您，非常感谢！我们希望有一天能去你们美丽的国家旅行。”一边说一边把一个红白两色的脚印形纸牌别在我的衣服上，并告诉我，其他孩子见到这个标志就知道你已经捐过了，不会再给你擦鞋了。回住处的路上我看见许多人胸前都佩戴着这个小小的脚印。到处都有孩子冲我们说“谢谢”。他们的笑容好像融进了路旁盛开的花蕊中，他们的声音好像来自天堂。

几个月之后，也是在街上，一些十字路口或车站坐着几位老人。他们满头银发，身穿各种老式军装，上面布满了大大小小形形色色的徽章、奖章，每人手捧一大束鲜花，有水仙、石竹、玫瑰及叫不出名字的花，一色雪白。匆匆过往的行人纷纷止步，把钱投进这些老人身旁的白色木箱内，然后向他们微微鞠躬，从他们手中接过一朵花。我看了一会儿，有人投一两元，有人投几百元，还有人掏出支票填好后投进木箱。那些老军人们毫不注意人们捐多少钱，一直不停地向人们低声道谢。同行的朋友告诉我，这是为了纪念二战中参战的勇士，募捐救济残废军人和烈士遗孀，每年一次。捐款的人可谓踊跃，而且秩序井然，气氛庄严。有些地方，人们还耐心地排着队。我想，这是因为他们都知道：正是这些老军人的流血牺牲换来了包括他们信仰的自由在内的许许多多。

有人说，帮助比自己弱小的人，会获得一种心理满足。可我两次把那微不足道的一点钱奉献给他们，感到的只是我想对他们说声“谢谢”。（青　白）

或许你今天能给予他人的最神奇的礼物，就是你的心而非你的钱包，由你费心思花时间，而不是匆匆采购应付的礼物。你可以送出的最佳礼物，就是你的热忱。组织社区邻居一起捐出家中不用的物品，捐给慈善机构。少买件你并不十分需要的物品，而把那笔钱捐赠给灾区或你身边遭遇困难的人。捐，绝不是居高临下的施予，你本来就应该这么做。

第74件事

学会一种承受压力的本领

只要活在这个世界上，就不可能逃避得了压力。既然如此，对于不断加诸于我们身上的各种要求，学习怎样有智慧地处理，就属绝对必要了。

我们的身体，就是被设计来应付突发的危险以便作出迅速反应的。面临生死存亡关头的突发状况时，压力在刹那间出现，这也是我们的身体发挥最大潜能的时候。此时，我们的身体会迅速分泌肾上腺素到血液里，对我们意识到的危险作出最迅速的反应。就像有些人在千钧一发之际，从车轮下救出一名儿童或小动物，那种神经的突然绷紧，会让人们的精神维持在一种很高亢的状态。我们突然间承受了巨大的压力，但同时也把自身的体能和精神状态推到了最高峰。

在麻省艾姆赫斯特学院曾进行过一个有意思的实验，他们用铁圈将一个小南瓜整个箍住，以观察当南瓜逐渐长大时，对这个铁圈产生的压力有多大。研究人员希望了解南瓜能够在这个过程中，与铁圈互动产生多少力量，以便了解南瓜能够承受多大的压力。最初他们估计南瓜最大能够承受大约500磅的压力。

在实验的第一个月，南瓜承受了500磅的压力；实验到第二个月时，这个南瓜承受了1500磅的压力；当它承受到2000磅的压力时，研究人员不得不对铁圈进行加固，以免南瓜将铁圈撑开。

最后当研究结束时，整个南瓜承受了超过5000磅的压力后，产生了南瓜皮破裂的现象。

他们打开南瓜，发现它已经无法再食用，因为它的中间充满了坚韧牢固的层层纤维，试图想要突破包围它的铁圈。为了吸收充足的养分，以便突破限制它成长的铁圈，它的根部甚至延展超过几万米，所有的根朝不同的方向全方位伸展，最后这个南瓜独自接管控制了整个花园的土壤与资源。

我们常说“人无远虑，必有近忧”，用以表示压力无时无刻不存在于我们四周。每一个年龄层都有其特殊的压力：例如青少年时，以课业压力为主；到成年时，有家庭和工作的压力；步入老年期，要面临退休、孤单、死亡等种种压力。

如何应付生活压力？

别为小事抓狂。我们经常为一些小事抓狂，其实仔细想一想这些都不是什么大不了的事，我们只是专注在一些小问题上，把问题过度放大了，浪费宝贵的力气为小事抓狂，当然就无故增添了许多压力。

小心你的想法滚出雪球效应。越是全神贯注于令你心烦的细节上，你就越觉得糟糕，思绪一个接着一个，直到你变得焦虑到不可思议的地步。即时打住，防患于未然，并且要察觉自己的情绪，不要被情绪低潮所愚弄，完全以负面情绪来看待周围的人和事物，小小的压力，可能瞬间变成巨大的压力。

练习放松数到 10。当你感到被压力所困时，深深地吸一口气，大声对自己数 1，然后在吐气时放松全身，数 2～10，重复这个步骤。这个方法帮助我们把大事化小，压力也就消失于无形。

你会变成你最常练习的样子。如果我们常在生活中表现出生气、愤怒、焦虑不安，我们的人生可能就会反映出这类练习的结果，“相由心生”就是这个道理。相反地，若是我们经常练习有耐心、放轻松、肯学习、积极乐观的态度，即使面临压力，也能从容应付，化解压力。

第75件事

以难以忘怀的方式过一个年

“人生最有趣的事情，就是送旧迎新，因为人类的最高欲求，是在时时创造新生活。”李大钊的这句话激发着人们对美好未来的想象。

人们迎新，迎的是万象更新，迎的是春天里复苏的天地之间的万物生机。迎新的庆典，是生命的礼赞，是为万物之灵高唱一曲新歌。

我最喜欢的节日是新年。只是过新年时我不能总待在家里，因为我是个海员，在海上时我常常不知道将在哪里迎接新年，是在航行中还是在家里。

就像这次出航一样。

我们应该新年过后结束航行，可大家拼命忙碌，都想尽早一点儿到家，因此，还在英吉利海峡时，船长就请求大家加劲儿干了，而天气也挺给面子：风儿像听人操纵——从西方吹来，我们像长了翅膀一样，波罗的海水平如镜，仿佛不是冬天。

12月31日，我们停在泊地。当锚“扑通”一声落入水中时，我们便不耐烦地等待着。看表——23点。我们的船到终点了。于是我登上出租汽车，“啪”地一声关上车门，出租汽车开动了。

出租汽车司机加快了速度，看来，他明白我需要什么。路上我们交谈着，“你看，”我夸耀着说，“我给儿子带来了这样的礼物！”我坐在后面的座位上，把在国外买的圣诞老人面具戴在脸上。

出租汽车司机转过身来。“哎呀！”他说话有时咬字不清，“你不要摘下它！这样回家会有笑声的！”“为什么不！是的，我的小莺儿会高兴地说：‘真正的圣诞老人来了！’就这么办。”我付清车费，就跑着进了大门。

我瞧了一下表：0:30，正是坐在新年桌旁的时候。

我乘电梯上去，心怦怦猛跳着，像海上风暴天气时那不好固定的锚一样。

而我想，我的柳芭莎也许在等我呢！我打电报说三四号回来，而我提前回来了。不知现在将会发生什么！……我按了一下门铃，门铃响了。她打开了门："哎哟！这是怎么回事？"

她穿着我上次航行时从卡萨布兰卡带来的漂亮衣服，两腮发红，头发上别着发光的金属小片。"我们没有订购圣诞老人，"她说，"大概您得到别人家去。""怎么可能呢？"我问，而自己忍不住笑了，换上了一种特别的声音，"地址是：爱依司玛埃大街76号第82门斯维亚托格收，是这样吧？""是这样。但是我们没有订购。""不可能吧？""唉，对啦！"柳芭莎两手一举一拍，"大概这是我丈夫在航行中，打电报给我们订购了意外的礼物。""对，"我证实道，"我们收到了这样的电报。""唉！我怎么一下子没猜想到！好吧，您请进来。"

我走进去。屋里的客人有邻居和他们的小男孩——正同我的儿子在新年松树周围扮兔子玩。他们看见了我，一个个兴高采烈。"这是我的丈夫给我们准备的礼物！"柳芭莎向客人们解释着——我打开了手提包，客人们惊得目瞪口呆！孩子们多么高兴！成年人也是如此。

柳芭莎激动地拭掉了眼泪，她吻着我的儿子。"你看，"她说，"你有这样的爸爸，儿子！他准备了我们意想不到的礼物。"我瞧着她，感到有什么话哽在喉咙里说不出来，唉，我真想扯下假面具，宣告一切。但我明白这样做会使儿子失去兴致，因为他们毕竟把一切都当成了真的——我是"圣诞老人"。

我看出——需要告别了。我说了声"祝新年幸福"就要出门。柳芭莎向我致谢，甚至塞给我五元小费，而我忍着没有笑出声来。

来到大街上，雪下着，美丽而宁静。我摘下假面具，走到十字路口，看到了出租汽车。"去港口。"我说。"喂，海员，怎么新年还要出海？"司机问。"什么情况都可能发生。"

他把我送到港口，我在自己的船舱里睡了几个钟头。一清早，我又出现在家里。"您好，亲爱的！"我解释着，"刚刚从海上归来。"

"亲爱的，感谢你带给我们的礼物，"她说，"尤其是那个圣诞老人。我们从没有这样快乐地迎接新年！"（维·罗申科）

第76件事

和家人亲手装饰一间房子

家居生活中，常有一些美的景象，却很少有人注意：梅子酱透过的日光、肥皂泡上的彩虹、蓝色碟子里的蛋黄、白纱幔渗过来的月光、盛着果汁的玻璃杯、小屋中的蓝色百叶窗、石缝中的红玫瑰、新烘烤的面包、古铜台上的烛光，以及宠物狗眼睛的棕黄。

家居的氛围应是自然与和谐的，这需要你亲手创造。由内而外，由整体到细微处，倾情装饰你的家，营造属于自己的空间，这是保持温馨健康的家庭环境的重要一环。

家是一个很有吸引力的地方。孩子一放学就飞奔回家，因为那儿有父母的慈爱迎接他，有香热的餐点在等着他。上班族也一样，一下班就要赶回家，因为那儿是自己的归宿。它安全温暖，是精神和希望寄托的地方。家是心灵生活的天地，没有它就叫无家可归，就失去依靠，就成为漂泊的流浪人。

家像是花圃一样，它供应了花木的营养。不曾被精心整理的花圃，只能长出泛黄的花草，甚至孕育不出生命，成为不毛之地。家庭预示一个人的命运，家庭多情趣，孩子自然活泼，成员都能学习新知，分享其中的兴趣和知识，个个都聪慧健康。

居住在由你和家人亲手装饰设计的房子里，家的氛围就弥散开了……

家里必须有几样情趣，它能使心境轻扬灵动，使人清纯振作，更重要的是它给人心理健康和幸福。客厅里的气氛，越是显示出功利和欲望，气氛就越沉闷；越懂得生活的情致，越容易保持温馨和谐。

经营家庭情趣，就像经营一块富庶的土地，让孩子得以健康成长，活力充沛，从而培养良好的品行和兴趣。成人也是一样，有了美满的家庭，才有应付挑战、肩负责任的本钱。

家居情趣，建立在闲情、恬淡和富于创意的生活中。如果缺乏情趣，就好像没有开阔的空间可以挥洒，缺乏清净的空气可以呼吸，那会是一种僵化的、没有生机的生活。因而，我们要创造一点儿家居的情趣——从家居设计到精神情境，真正提高生活的品质。

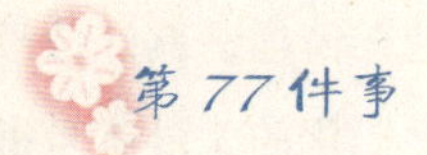

第77件事

许下一个愿倾一生之力实现的愿望

愿望，是每个人心底最美丽的秘密，当你为实现愿望而付诸行动时，一个“痛并快乐”的旅程就展现在你的眼前……

记得上一次过生日时许下的三个愿望吗？如果你没有许愿，或根本忘了曾经许下的愿望，那么，让我提醒你：赶快许愿，并祝福你，美梦成真。

不一定要在过生日那天才能许愿，当你有一个强烈的念头，并愿意倾一生之力，去实现、去完成它时，随时都可以许下你的愿望。

有一对兄弟，有一天他们爬山归来。他们家住在80层楼上，每个人都背着一个大旅行包，却发现大楼停电了。于是哥哥就说：“弟弟，我们一起爬楼梯上去吧。”于是他们就一起爬上去。

到了20楼的时候，哥哥对弟弟说，包太重了，我们把它放在20楼，我们爬上去，明天再下来拿。弟弟说好。于是他们就把旅行包放在20楼，继续向上爬。

到了40楼，弟弟开始抱怨，于是就跟哥哥吵了起来。他们边吵边爬，爬到了60楼，哥哥就对弟弟说，只剩20层楼了，我们不要吵了，默默地爬完它吧！

于是他们就各走各的，终于到了家门口。哥哥摆出了很帅的姿势：“弟弟开门。”弟弟就对哥哥说，别闹了，钥匙在你那儿。

事实上，他们把钥匙留在20楼的包里了。

这个故事其实在反映我们的人生。有很多人在20岁以前活在家人和老师的期许之下，背负着很多的压力；20岁之后开始以满腔的热血，准备去实现自己的梦；可是工作了20年后，开始发觉工作不如意，于是就开始抱怨老板、抱怨公司、抱怨社会，就在这抱怨中又过了20年。

于是告诉自己，60岁了没什么好抱怨的了，就默默地走完自己的余生吧。到了80岁生命将尽时，才想起自己好像有什么事还没完成。

原来，是20岁的梦想还没有实现。

只有肯为自己许愿的人，才会对未来有美好的憧憬；也只有用心盼望的人，才能够享受“如愿以偿”的快乐。

千万不要害怕说出你的愿望会被取笑，也不要顾虑：“万一将来做不到，会很没有面子！”当你说出你的梦想、许下愿望，人们才会知道如何帮助你达成愿望。

就算有人说风凉话、扯后腿，这些心怀不轨的人，都会败在你的决心中。只要你的意志坚定，只要你足够努力，所有的阻碍终将节节败退。而你，最后一定会赢得梦想、实现愿望。

在一本名为《牧羊少年奇幻之旅》的畅销书中有这样的话：“没有一颗心会因为追求梦想而受伤。”“当你真心渴望某种东西时，整个宇宙都会联合起来帮助你完成！”

“对那么好的成果，想都不敢想！”说这种话的人不是谦虚，就是很没有志气。缺乏梦想、没有愿望的人生，真的很没有意思，绝对不会绚丽多彩。你怎能指望一个对未来没有任何期待的人，活得精彩呢？

全心全意地信任别人一次

信任是一种弥足珍贵的东西，没有人可以用金钱买到信任，也没有人能用利诱或用武力争取得到信任。信任来自于一个人的灵魂深处，是活在灵魂里的清泉，它可以拯救灵魂，滋养灵魂，让心灵充满纯洁和自信。

1944 年的圣诞夜，两个迷了路的美国大兵拖着一个受了伤的兄弟在风雪中敲响了德国西南边境亚尔丁森林中的一栋小木屋的门。它的主人，一个善良的德国女人，轻轻地拉开了门上的插销。家的温暖在一瞬间拥抱了三个又冷又饿的美国大兵。女主人开始有条不紊地准备圣诞晚餐，没有丝毫慌乱与不安，也没有丝毫警惕与敌意。

因为她相信自己的直觉：他们只是战场上的敌人，而不是生活中的坏人。美国大兵们静静地坐在炉边烤火，除了燃烧的木柴偶尔发出一两声脆响外，静得几乎可以听见雪花落地的声音。

正在这时候，门又一次被敲响了。站在满心欢喜的女主人面前的，不是来送礼物和祝福的圣诞老人，而是四个同样疲惫不堪的德国士兵。女主人用西方人特有的方式告诉她的同胞，这里有几个特殊的客人。今夜，在这栋弥漫着圣诞气息的小木屋里，要么发生一场屠杀，要么一起享用一顿可口的晚餐。

在女主人的授意下，德国士兵们垂下枪口，鱼贯进入小木屋，并且顺从地把枪放在墙角。

于是，1944 年的圣诞烛火见证了或许是二战史上最为奇特的一幕：一名德国士兵慢慢蹲下身去，开始为一名年轻的美国士兵检查腿上的伤口，而后扭过去向自己的上司急速地诉说着什么。

尽管他们是敌人，但是人类善良的本性让他们信任彼此，这一刻，他们的感觉是奇妙而美好的，没有人担心对方会把自己变成邀功请赏的俘虏，更没有人伺机而动。第二天，醒来的士兵们在同一张地图上指点着，寻找着回到己方阵地的最佳路线，然后握手告别，沿着相反的方向，消失在白茫茫的林海雪原中。（佚　名）

人活在世上需要信任别人，犹如需要空气和水，我们如果不信任别人，对人就无法诚恳。如果因戴了假面具而不能对人坦白，是一种极大的约束！一天到晚都提防别人，会害得自己大脑瘫痪。要想受人爱戴，就得先信任人。“有了信心才有爱，”心理分析专家弗洛姆说：“不善于信任别人的人，也就不善于爱人。”

另一方面，如果和信任我们的人相处，我们会放心自在，有人说：“我们不但可以护卫别人，而且在许多方面也影响别人。”信任或防范，能铸就他人的性格。

信任别人的人，日常待人接物多么与众不同！一个人这样形容他所认识的一个女人：“她见到人就伸出两只手来迎接，仿佛是说：‘我多么相信你！单单同你在一起，我就觉得非常高兴了！’而你离开她的时候，也会感觉充满自信。”

信任他人需要有孤注一掷的精神——赌注是爱，是时间，是金钱，有时候甚至是生命。这种赌博并不一定常赢，但是，一位意大利政治家说：“肯相信别人的人，比不肯相信别人的人差错少。”

不信任他人，就不能成大业，也不能成为伟人。请记住爱默生的话：“你信任别人，别人才对你忠实。以伟人的风度待人，别人才会表现出伟人的风度。”

体验一次失败的经历

佛经里有一句话："众生以菩提为烦恼，菩萨以烦恼为菩提。"或说"烦恼即菩提"，意思不是烦恼等于菩提，而是说有慧心的人总能在烦恼中找到智慧，而且为了治愈更多的烦恼，会产生更高的智慧——平顺的人通常不会比越挫越勇的人有智慧，真正的智者往往能不惮失败的烦恼。安乐令人沉沦，忧患反而激发生存的力量，也就是这个道理。

在现实生活中，失败当然是一件可怕的事，几乎没有人喜欢失败；可惜世界上没有永远的成功者，可以肯定地说："那些在人生后半段成功的人，是由于他们在人生前半段的失败中找到了成功的灵感。"唯有在失败中成功，才能超越形式与事业的成功，上升到心灵的成功。

我的职业生涯中只出现过一次重大失误。竞争对手把一个最大的客户从我们团队手中抢走了。我打电话给董事长史蒂夫·施米特，我说我犯了一个大错误，并提出了辞职。他大笑说："办不到。"他说，公司刚花了好几百万美元来培养我，那么大一笔投资丢下去了，谁都不准离开。

从那之后，没有人因为我犯的这个错误而揶揄我、攻击我——因为那样做不会受欢迎——谁要是攻击一个已经得到董事长赦免的人，就不是聪明人。

承认错误，并且要让你的团队知道：失败也是游戏的一部分。（汤姆·马克特）

失败到底意味着什么？你失去了什么？许多人在心理上有障碍，他们不知道如何承受失败。他们认为失败是个人的事，好像天底下只有他们会发生这种情形似的。参加比赛的人难免有输的时候，如果你想在人生的任何领域发奋图强，就迟早都要面对失败。承受失败就是把重点放在你所作的努力上，自己告诉自己，你已尽了力。

如果你懂得承受失败，你就会理解成功的本质，因为成功就是要有欲望，要冒险，要受到伤害，要全心投入并且不论后果如何都觉得非常美妙。一个再度陷于热恋的青年，曾把神魂颠倒的情形告诉一位挚友。挚友问他的感情是否会得到相同的回报，他回答说不太确定。挚友于是说：“不管是赢是输，你都赢定了。”我们永远都不要忘记这句话。就某件事而言，我们是输了，但事实上我们赢了。因为我们曾经努力过，我们赢得的是经历，而不是回报的有无。

累累的创伤，

就是生命给你的最好的礼物，

因为在每个创伤上面，

都标志着前进的一步。

第80件事

认真学习一种沟通之道

跟你谈话的人对他自己的需求和自己的问题要比对你的需求和问题感兴趣千百倍。如果你想要别人喜欢你的话，便要记住这一点。

做一个好的倾听者，鼓励别人谈他自己。

几年前，纽约电话公司碰到了一个对接线员大发脾气的用户，他说要他付的那些费用是敲竹杠。这个人满腔怒火，扬言要把电话线连根拔掉，并且到处申诉、告状。最后，电话公司派了位最干练的“调解员”去见那位无事生非的人。这位“调解员”静静地听着，让那个暴怒的用户淋漓尽致地发泄，不时说：“是的。”对他的不满表示同情。

“他滔滔不绝地说着，而我洗耳恭听，整整听了三个小时。”这位“调解员”后来对别人说道，“我先后见过他四次，每次都对他发表的论点表示同情。第四次会面时，他说他要成立一个‘电话用户保障协会’，我立刻赞成，并说我一定会成为这个协会的会员。他从未见到过一个电话公司的人同他用这样的态度和方式讲话，他渐渐变得友善起来。前三次见面时，我甚至连同他见面的原因都没有提过，但在第四次见面的时候，我把这件事完全解决了。他所要付的费用都照付了，同时还撤销了向有关方面的申诉。”

无疑，那位用户自认为是在主持正义，在维护大众的利益，事实上他所要的只是一种重要人物的感觉。当他获得了这种感觉，那些无中生有的牢骚也就化为乌有了。这恰恰是“调解员”耐心地听他发火的原因。（佚　名）

“沟通”一词已经成为一门学问，成为社会交往必备的工具。不懂沟通，你就跟不上时代的脚步。要想成功，就必须精通沟通的技巧。

有的人学习了很多沟通的知识，但是他们真的取得了沟通的效果吗？没有，虽然很多人都自以为懂得沟通，可是他们所谓的沟通只是双方坐下来，你说你的，我谈我的，每个人都想将自己的想法传达给另一方，要求对方接受自己的想法。

这就算是沟通了吗？不是吧！

你的许多问题正是缘于不晓得如何与别人沟通，说得更直白一点儿，就是不懂得倾听他人的心声。而这一切都起因于你的心态：你只想说，不想听。没错，你绝对有说话的权利，可是别人也有啊！你们要进行沟通，就得不停地交换发言者与聆听者的角色，让各方都能畅所欲言，也才能彼此了解各自的立场。

交谈，是交往的一个重要内容。在交谈中，既要适时适度地敞开心扉，也要随时随地接纳对方。每个人都有一套自己的沟通之道，而所有的沟通之道都有一个重点：学会倾听。

与他人合作完成一项工作

在大自然中有许多合作精神的典范，成群结队的飞雁永远跟从领袖，直到领袖由V队形的顶端飞回到自己的位置，此时自会有另一只雁取代它的位置，而不会影响队形。大自然的合作还有其他的例子：夏日甘霖为绿油油的植物带来生机；潮水退去，露出食物供海鸥取食；树叶落在大树脚下，慢慢腐化，供给树木充足的养分。你可以从这些大自然合作的例子里学到合作精神，运用在工作上，你所做的一切都可以成为整个组织不可或缺的一部分，你所做的一切都会影响你的合作者，以适当的方式塑造他们。

无人能独自成功，因而，拥有团队精神至关重要。

在田径赛场上，跑道上的田径精英一度曾是美国名将，他们不但一再地破大会纪录甚至世界纪录，也赢得了其他大大小小的比赛。然而其他国家的赛跑选手——尤其是肯尼亚选手，逐渐迎头赶上，在一些最有分量的比赛中崭露头角，例如肯尼亚的男子选手在波士顿马拉松赛上频传佳音。

没过多久，美国选手就对奖牌奖金被外国选手抢得而愤愤不平，尤其是在美国本土举行的比赛，有些比赛甚至刻意地针对美国选手设立奖项。不过有些选手研究了美国和肯尼亚选手的训练方式之后，发现其间有极大的差异。美国选手总是单独训练，并且为自己而比赛；而肯尼亚选手则是整队整组一起训练，一起赛跑，他们通常会选择一名选手做“配速员”，在比赛一开始就领导全队（包括最后获胜的选手）保持获胜的速度，一直到比赛终了。肯尼亚的选手轮流担任队友的配速员，也轮流做最后获胜的选手，他们的目标是，只要有一名肯尼亚选手获胜，那么全队就赢了。

正如每一种生物都为整体的利益而发挥自己的作用一样，世界上没有仅仅依靠自己就能成功的人，任何成功者都得站在别人的肩膀上。我们都需要帮助，我们都曾借助别人之手起家，并对无数的人心存感激。正是他们花费宝贵的时间鼓励、教导我们，为我们敞开机遇的大门，需要时，不辞辛劳地从底下把我们托起。当然，你必须有足够的勇气，伸出手并爬上他们的肩膀，尽管有时他们看起来摇摇晃晃；你必须同时接受赞扬和批评，因为两者都是你成长的必要因素；还必须不断地与合适的人在合适的环境中磨炼自己，提高自己的技能；且求教于大师们，从他们的成功与失败中学习，向他们挑战，让他们也从你的观点中有所收获——也许他们早已丢失了年轻人的观点。

在与别人合作完成一项任务时，比较理想的模式是每个伙伴可以提供不同的专业技术和贡献。一个擅长细节的计划，另一个擅长促销和公开演讲；或者一个擅长推销，另一个擅长内部机制的管理和质量监督。一对好的拍档就好比一桩天作之合的姻缘——必须小心挑选。如果我们能结合正确的技术、工作伦理和视野，我们就可以创造出一对最佳拍档。

合作，并为他人服务，这是成功的捷径。

细心品味一次幸运的价值

据说，有位英国人每星期都要买一张彩票——每次都买同一个号码。他买了几年，却连末等奖都未中过。有一天，他又去买彩票，看到路边站着很多卖玫瑰的花童，情人节到了。他犹豫了一下，用买彩票的钱给妻子买了一枝鲜红的玫瑰，然后转身回家了。

开奖的日子到了，那个中奖号码令他几欲昏厥：正是他一如既往地买了几年的那个号码。

这个故事之所以广为流传，是因为太多的人都认为“运气”时时与自己失之交臂。人们大都有“碰运气”的心理，在某种程度上，“运气”等同于“希望”。人们盼着好运气就在不远处等着自己，却不自知，我们本身就是个幸运儿。

如果今天早上你起床时身体健康，没有疾病，那么你比其他几百万人更幸运，他们甚至看不到下周的太阳了；

如果你从未经历过战争的危险、牢狱的孤独、酷刑的折磨和饥饿的滋味，那么你的处境比其他五亿人更好；

如果你能随便进出教堂和寺庙而没有任何被威胁、施暴和杀害的危险，那么你比其他30亿人更幸运；

如果你的冰箱里有食物，身上有衣可穿，有房可住及有床可睡，那么你比世上75%的人更富有；

如果你在银行里有存款，钱包里有票子，口袋里有零钱，那么你属于世上8%最幸运的人；

如果你父母双全，没有离异，那么你的确是那种很稀有的地球人；

如果你正在阅读本书，那么你就得到了一个双重的祝福，因为有人想到了你，而你并不属于那另外的20亿文盲之列。

在2.5亿个精子中，只有一个能和卵子结合；就算如此，也不是每一个胚胎都能成功地诞生到人世。

再说，能够成长到你目前的年龄，你必须从许多可能的疾病和意外中生存下来，更不必提及台风、火灾，或被病毒、泥石流侵袭的可能性。但是，尽管有上述可能，你还在这里。

好与坏，苦与乐，原只是人们内心不同的感受，生命就是一个例子。在交通事故中，若是同车或同机的人都安然无恙或仅受轻伤，而自己却残脚断臂，就会觉得极其不幸；反之，如果同车或同机的人全部遇难，自己纵然折断腿臂，却是“大难不死”的幸运儿。

有些人与幸运失之交臂，那是他们的消极心态在作祟，如果对生活抱以积极乐观的态度，你终会有所收获。不要学下面这篇故事里的樵夫。

有一位樵夫多年来一直固定为一户人家提供所需的木柴。这户人家通常都会将樵夫砍来的木柴放进壁炉里烧来取暖，但是近日来樵夫送来的木柴尺寸太大了，根本就放不进壁炉。

雇主婉言恳求樵夫，希望他能将木柴劈成小方块再送过来。可是樵夫拒绝了他，拒绝的理由是，将木柴劈成小方块实在太费事了，如果雇主仍然坚持这样的要求，就必须多付一倍的工钱给他。

雇主只得无奈地自己动手劈柴，没想到劈开了木柴之后，竟然发现许多钞票被夹藏在木柴之中。很明显，这是有人故意将这些钞票塞进木柴里藏起来的。

雇主跑去问樵夫："你从哪里砍来的木头？"

樵夫懒洋洋地说："那是我的事，你不需要知道。"

雇主多次询问，都得不到樵夫的正面答复，也无法得知木柴的来处，更无法将钱还给失主，只得自己收下。

当然，生活中会有时运不济的人，这是人生旅途中的一段灰暗路程，人人都可能遇到，只不过有些人遭遇的时间短一些，有些人遭遇的时间长一些。然而，一辈子都时运不济的人很少。

面对时运不济，每个人都可以有两种选择，一种是怨天尤人，另一种就是活得更起劲，只要审时度势，自强不息，总有一条宽广的路是为你准备的。

看看你自己有多幸运，一旦明白你是多么重要、多么有价值后，笑容会在你脸上绽开，阳光会从乌云中探出头来，美妙的音乐处处可闻，而你则终将带着信心、勇气、力量和恩宠朝着你的人生方向前进。所以，去工作不要以挣钱为目的；去爱而忘记别人对你的伤害；去跳舞只要自己欣赏，而不管是否有他人关注；去唱歌只要自己觉得悦耳，而不要想着是否有人在听；去生活就像这世界就是天堂。

第83件事

对最难以拒绝的人说“不”

你是不是有这样的经历，明明想对他说“NO”，却活生生地把这个字吞到肚子里，回家后又越想越不对劲：“当时应该拒绝他的。”“我怎么这么没用，不敢说出真心话。”你自责不已、悔不当初，最后陷入不安与沮丧之中，久久无法释怀。

你为什么无法说“不”？因为你不想得罪人！

但是当我们委屈自己让别人高兴时，他们并没有以同等的好意回报你，甚至已习惯“利用”你。久而久之，你就开始牢骚满腹、抱怨连连，这不只对不起自己，也连累了周围的人，因为你的不快会让他们觉得备受压力。那么YES和NO之间的分寸该如何把握呢？的确，有时候说NO并不容易。

笃行，你今年13岁了，长得几乎跟妈妈一般高，亲朋好友都夸你“乖顺”——无论谁，让你干什么，你都会说“好的”，然后便认认真真地去做，倘征求你的意见或让你作出选择，你也总是不假思索：“随便。”

妈妈的感觉一直也不错：你的确使我省去了许多麻烦！

那天，一位40多岁的中年男子大呼小叫地冲进咱家：“你的宝贝儿子，毁了我的苗圃！”

笑话，我的儿子，能干那种事？妈妈压根儿就不信，毫不客气地将人家“请”了出去。吃完晚饭，妈妈才想起那件“无中生有”的事，很自信地随意问了你一下。

“我，我知道那样不好。可陈星他们喊我去……”你吞吞吐吐的回答让我难以置信。

“我是想说，可就是开不了口。”你可怜兮兮地小声对我解释道。

妈妈这才意识到，在一向被人夸奖“乖顺”的你的身上潜伏着危险了：一味事事依从别人，环境和他人对你影响太大了，以至于连是非原则也没有了！

一波未平一波又起。两天后，又有一位家长找上门，说你和几个孩子一起欺负她家的胖妞。

你还是那句话：“我知道不好，可他们硬是拉我……”

“好了，别说了！”那一刻，妈妈确实感到了无法忍受！我要教会你说“不”，让你学会拒绝！

“笃行，既然你常跟着别人做错事，你以后就不能和陈星、王刚他们来往了。一旦让我发现，哪怕是说一句话，我也会狠狠揍你屁股。”那几个是你的铁哥们，妈妈百般无奈，只有出此下策了。

“好吧。”你答应了，虽然看上去似乎很不情愿。中午你一进门，妈妈就揍了你一顿：“我去学校，看见你跟王刚说话。”

下午你回家，妈妈照例揍了你！“我是没去学校，可我猜你一定跟他们说过话。”

如果你不擅长拒绝，那么就对着镜子事先“演习”几遍吧。也许最开始你会觉得神情和语气都别扭，但最终你一定能神态自若地说出那个“NO”。

第84件事

全力以赴做一件看似无法完成的事

艾森豪威尔年轻的时候，有一次晚饭后跟家人一起玩纸牌游戏，连续几次他都抓了很坏的牌，于是就变得很不高兴，老是抱怨。他的妈妈停下来，正色对他说道：“如果你要玩，就必须用你手中的牌玩下去，不管那些牌怎么样。”

他一愣，听见母亲又说：“人生也是如此，发牌的是上帝，不管怎样的牌你都必须拿着，你能做的就是尽你全力，求得最好的结果。”

很多年过去了，艾森豪威尔一直牢记着母亲的这句话，从未再对生活有过任何抱怨，相反，他总是以积极乐观的态度去迎接命运的每一次挑战，尽力做好每一件事，从一个默默无闻的平民家庭走出，一步一步地成为中校、盟军统帅，最终成为美国历史上第34任总统。

1903年，我在纽约参加一出名叫《向上，向上》的话剧演出，其中一场是询问某件事情的场面。一开始，是我与两个怒气冲冲的人争执不休地表演，他们一个是通过电话和我争吵，一个是在我桌子边和我争吵。

这出剧得到了各种不同的评论，后来我们剧团移到一个小剧院去演出，削减了薪水，希望演出能够进行下去，但是前景暗淡。

很多夜晚我都为我所扮演的角色发愁。后来我决定稀里糊涂对付了事，何苦为没有前途的事情卖大力气呢？

可是，不知怎么搞的，上教会学校时读到的《圣经》里的一句话出现在我的脑海里：“无论干什么事，都要尽力而为。”

于是，在每一次演出时，我都全力投入到这场戏中，每次演完这场戏，我都是满身大汗。有时，自己也觉得这样干很愚蠢。几个月后，有一天我突然接到自称代表霍华德·休斯的人给我打来的电话，他说："休斯先生打算把《扉页》拍成电影，他想邀请你参加。"

后来，这部电影的导演刘易斯·米尔斯顿把这件事的原委告诉了我：他和他的一伙朋友访问纽约时，搞到几张轰动一时的戏剧的门票，可最后还是缺一张。于是，刘易斯就穿过马路，来看对面剧院里演出的《向上，向上》。

"有一场戏的确打动了我，"刘易斯说，"就是你在桌子边和别人争吵的那一幕。"结果他推荐我在《扉页》里相似的一场戏中扮演了一个角色。这就是我的电影生涯的开端。

所以，即使干着似乎是徒劳无益的事情，也应该尽力而为。（帕特·奥布瑞恩）

人生如打牌，既然发牌权不在你手里，那么，你能做的只有用你手里的牌打下去，并努力打好，除此以外，你没有任何选择！

任何有成就的人，都先已下了追求成功的决心。征服珠穆朗玛峰的登山者说："我要做到这件事。"那些宣称"我要全力以赴"、"我要尽力"、"我要尝试"的人，都有机会比别人先达到目标。不论他们是商人、运动员、一般小市民或家庭主妇，都是如此。我们唯有认真地做一件事，才有可能得到希望的结果。

圣雄甘地的一生充分证明了，当一个人完全投入时，整个国家的历史都可能因而改观。与他同时代的英国政治家迪斯累里说得好："当一个人全心全意追求一个目标，甚至愿意以生命为赌注时，他是所向无敌的。"

在我们决心投入时，还会发生一些有趣的事。往往只要下定决心就已足够，换言之，当你决定采取行动来达到目标时，并不意味着你一定就会成功。但如果你的态度是半真半假，你可能会面临极为严峻的考验。

有个人是这么说的："要得到你想要的该这么办——尽你的一切力量。"

为自己录一次像

看看镜头里的自己，告诉自己："我欣赏我的生活。""我欣赏我自己。""我欣赏我的财富。""我欣赏我的健康。""我欣赏我的幸福。""我欣赏我的充裕。""我欣赏我的富有。""我欣赏我的爱心。""我欣赏我对人的关切。""我欣赏我的与人分享。""我欣赏我的学习。""我欣赏我知道自己要什么。""我欣赏我的机会。""我欣赏我懂得享受乐趣。""我欣赏我的平衡。"

有一个出家弟子跑去请教一位很有智慧的师父，他跟在师父的身边，天天问同样的问题："师父啊，什么是人生真正的价值?"问得师父烦透了。

有一天，师父从房间拿出一块石头，对他说："你把这块石头拿到市场去卖，但不要真的卖掉，只要有人出价就好了，看看市场的人肯出多少钱买这块石头。"

弟子就带着石头到市场，有的人说这块石头很大，很好看，就出价两块钱；有人说这块石头可以做秤砣，出价十块钱。结果大家七嘴八舌，最高也只出到十块钱。弟子很开心地回去，告诉师父："这块没用的石头，还可以卖到十块钱，真该把它卖了。"

师父说："先不要卖，再把它拿到黄金市场卖卖看，也不要真的卖掉。"

弟子就把这块石头拿到黄金市场卖，一开始就有人出价千元，第二个人出价万元，最后有人出到十万元。弟子兴冲冲地跑回去，向师父报告这不可思议的结果。

师父对他说："把石头拿到最昂贵、最高级的珠宝商场去估价。"

弟子就去了。第一个开价就是十万，但他不卖，于是二十万，三十万，一直加到对方生气了，要他自己出价。他对买家说，师父不许他卖，就把石头带了回去，对师父说："这块石头居然被出价到数十万。"

师父说："是呀！我现在不能教你人生的价值，因为你一直在用市场的眼光看待你的人生。人生的价值，应该是在一个人心中，先有了最好的珠宝商的眼光，才可以看到真正的人生价值。"

我们的价值，不在于外面的评价，而是在于我们给自己的定价。我们每一个人的价值都是绝对的。坚持自己崇高的价值，接纳自己，磨砺自己。给自己成长的空间，我们每个人都能成为"无价之宝"。（佚　名）

学会欣赏自己，当我们比较欣赏自己的时候，会更多地得到别人的欣赏。不要先成为别人喜欢的样子，要先成为你自己喜欢的样子。你会喜欢一个不由自主、毫无选择能力、只能"自动"爱你的人，还是一个明白自己有很多选择，却"选择"爱你的人呢？哪一个更令你动容？你的选择也就是每一个人的选择。

首先，爱自己，但是你必须先了解自己，了解自己之后才知道如何爱自己，明白自己想要表达什么。

其次，培养优雅的举止。优雅不是"矫揉造作"，优雅是"以最少的能量创造最大的效益"。仔细注意镜头中的自己，看看自己的举止是否得体，微笑是否宜人，大胆地对自己品头论足一番，你如何观察别人，就如何观察自己。你要使自己看起来优雅脱俗，气度不凡，你才会成为别人眼中的一抹亮色。

第三，多做些你有信心可以完成的事，因为使自己完美的另一个要素就是"自信"。培养自信，你将会更加清楚地认识到自己的价值，一个有价值又有自信的人怎么会没有魅力呢？但是，要明白自信和自负之间的区别，自信是相信"我们都可以做到"，自负却是"只有我能做到"。

最后，成为天真的人。了解自己本质的人都是天真的，因为他们明了"真、善、美"是一体的，他们决定活在真理当中，同时，他们也活在"美"中。

第86件事

到少数民族同胞家中做一次客

多姿多彩的少数民族和异域风情令许多人向往不已。那些神秘美丽的民族传说、异国的风俗传统总让人魂牵梦萦。米兰·昆德拉说："生活在别处。"当你走入少数民族聚居区或外国友人的家中时，你也许会对这句话作出更完美的诠释。

费孝通先生清楚地记得当年他去广西研究少数民族风俗时他的老师对他说的话："要认识自己生活的系统，先要找一个同自己生活习惯不同的社区进行实地观察。"从另一种意义上说，到少数民族或外国人家中做客，既可以看到与己不同的生活方式，还能从比较中认识自己的生活方式。

由于宗教信仰和生活习俗的差异，在少数民族家中做客有很多特殊的要求，如果事先不了解，会造成误解，使主客双方徒增不快。

一、在牧区，如果骑马到哈萨克、蒙古、柯尔克孜、塔吉克等民族的毡房去，切勿在门口下马，更忌讳骑快马到门口下马。因为他们只允许在报送丧事或者报告其他不幸的消息时这样做，平时都应在毡房后面下马。蒙古族还忌讳手持马鞭进入毡房。客人应将马鞭挂在鞍上，或者把马鞭隐蔽起来。由于牧民一般都爱护牲畜，因此，到牧区做客，不要随便踢打牲畜，不要骑马闯进羊群，也不要当着主人的面追打猎犬和看门狗。牧区少数民族群众还忌讳别人称赞自己的孩子和牲畜，他们认为这种当面称赞会给孩子和牲畜带来不幸。

二、不要携带"禁忌物品"走进少数民族家中。新疆维吾尔、哈萨克、回、柯尔克孜、塔吉克等少数民族均信仰伊斯兰教，不吃猪肉、猪油和一切以此为原料的食品，所以走进这些少数民族居民家中，不要带火腿肠、腊肠等用猪肉制作的食品；进哈萨克族牧民家中或毡房不能带马鞭；进满族牧民家中不要戴狗皮帽子或穿狗皮大衣。

三、入席时要让年长者坐在正中或首席，不能乱坐，特别是不可以坐在主人的床上。

四、在吃肉或吃馕（新疆普遍的少数民族食品）时，不能整个拿在手里咬，而要掰成小块吃。

五、少数民族主人热情好客，往往会向客人敬献糖果、羊肉，如果不喜欢或吃不惯，不要立即拒绝，可以尝尝，表示谢意后向主人说明原因；新疆蒙古族、哈萨克族都有敬酒的习俗，如果不胜酒力要先把酒杯接过来，呷一口后可让别人或主人代喝。

六、如果到牧区做客，最好带些礼品，一般可带些茶叶和糖果，茶叶可以交给女主人，糖果可以直接分给他们的孩子。

最有收获的旅行不是在陌生国度里的旅行，而是用新的眼光去观察世界的旅行。

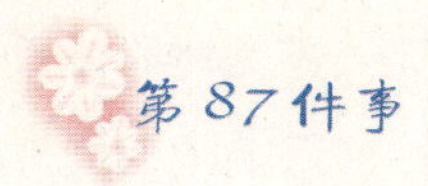

第87件事

体验一次军旅生活

如果你没有做一名士兵的经历，那么，找个机会到军营看一看、体验一下也是好的。体验军旅生活的意义在于，军队的氛围最能使人增强律己与责任意识，这将使你受益终生。

大学新生总是无法忘记大学生涯之初近一个月的军训经历，因为他们由此学会了人生最重要的课程之一：严于律己，有强烈的责任感和使命感。只有在艰苦的磨炼后，才能体味其中的意义。

在经历严格的纪律约束后，自律会成为一种人生习惯。正如弗洛姆所说："如果人的理智能有效地指导我们的行动，我们就不会被不理智的情感所支配。"

我们若想有目的地、有效率地活着，就必须培养自身的自律能力。自律就是为了完成特定的任务而在一定时间内统摄我们行动的能力。一个人若无自律的能力，他就无法充满信心地应对生活的挑战。自律要求人们为了长远的目标而放弃眼前的欢乐，这就是一种将结果投于未来的能力，即目光长远地去思考、筹划、生活。缺少了这种素质，无论是个人生活还是工作事业都不可能有效运作，更不要提蓬勃发展了。自律关系到人生、事业的成败。也就是说，成功的生活少不了它。若想真正做自己命运的主宰，这是很关键的一环。

有目的的、自律的生活并不意味着我们就不可以花些时间去休息、娱乐，甚至纵情享乐。它只是说我们应有意识地去选择这些活动，应清楚地知道当从事那些活动时，一切都是安全、合适的。无论怎么说，暂时放弃目的本身就是一种目的，无论当时我们是否意识到此，这种目的叫做再生。

在军旅生活中，我们也会深刻体会“责任”的含义。责任是一条无形的鞭子。少年时，也许我们在父母保护下，不曾觉察到它的存在；但当我们有了自立的能力，踏入社会后，责任就一圈又一圈地裹缠在我们身上。

身为人子时，我们只要念好书，考上好学校，父母师长就会很满意；身为人夫时，妻子仰望我们，生活使得我们去开创一个幸福的小家庭，我们不得不去努力赚钱，求得物质上的自尊和舒适。

在人生的路程上，我们的责任只会日益加重，而不会越来越轻！责任越多，表示我们的能力越大，否则别人不敢随意地把责任加在我们肩上。

有责任的人生是美好的，每一分每一秒，我们都可以在无声的工作中，感到生活的甜蜜和踏实！

自律和责任，是军旅生活教给我们的最重要的东西。

仅仅在昨天，

我认为我自己只是一个碎片，

无韵律地在生命的苍穹中颤抖。

现在我晓得，

我就是那苍穹，

一切生命都是，

在我身体里，

有韵律地转动着的碎片。

第88件事

考取一个专业资格证书

知识永远都不嫌多。无论你处于怎样的人生阶段，都不能满足于现有的知识储备，就像电子产品不断更新换代一样，你头脑中的知识也该如此。至少要在一个领域，你能胸有成竹地说：“这个科目是我的专长，我是这个领域的专家。”

一天晚上，一群游牧部落的牧民在正准备安营扎寨休息的时候，忽然被一束耀眼的光芒所笼罩。他们知道神就要出现了。因此，他们满怀殷切的期盼，恭候着来自上苍的重要旨意。

最后，神终于说话了：“你们要沿路多捡拾一些鹅卵石，把它们放在你们的马褡子里。明天晚上，你们会非常快乐，但也会非常懊悔。”

说完，神就消失了。牧民们感到非常失望，因为他们原本期盼神能够给他们带来无尽的财富和健康长寿，但没想到神却吩咐他们去做这件毫无意义的事。但是不管怎样，那毕竟是神的旨意，他们虽然有些不满，但是仍旧各自捡拾了一些鹅卵石，放在他们的马褡子里。

就这样，他们又走了一天。当夜幕降临，他们开始安营扎寨时，他们忽然发现他们昨天放进马褡子里的每一颗鹅卵石都变成了钻石。他们高兴极了，同时也懊悔极了，后悔没有捡拾更多的鹅卵石。

“为什么我们非要学习这些没用的东西呢？”学生们常发出这样的抱怨和质疑。而这则故事说明，当你通过学习拥有了知识的时候，它也许只是一个毫不起眼的鹅卵石。但是当你面临危机，需要指引的那一刻，它就会变成弥足珍贵的钻石。知识就是这样，有时你觉得自己学得够多了，已经不再有求知的欲望了，有许多眼前看似鹅卵石一样的知识被你如弃敝屣般地丢弃了——你认为自己已不需要掌握它，然而，忽然有一天，当你急需它的时候，它就变成了钻石，而你却不得不为以前没有捡起这块钻石而懊悔不迭。

你应当记住，除了书本，你每天遇见的每个人，都能增进你的知识。假如遇到一个印刷工人，他能教会你许多印刷的技术；遇到一个建筑工人，他能告诉你建筑方面的技巧；一个普通的农民，有他做人、做事的经验，你能从他那里了解到许多世故和人情。

从每个可能的场所，努力汲取知识的营养，这是使人知识广博的途径。广博的知识可以使人们胸襟开阔，不致流于狭隘、鄙陋。这样的人，能够从多方面去接触人生、领悟人生。这样的人，是懂得人生趣味的。

人的一生，都是受教育的时期。世界就是我们的大学，我们所遇见的人，所接触的事物，所得到的经验，都是这所大学中的教师。只要我们放开自己的心灵，每一分钟都可以摄取许多知识。然后，在空闲的时候，我们可以用深思的方法，将那些零碎的知识整理、组织起来。

成功者和一般人的差别在于，一般人只看到面前的一片天空，而不知道远方还有更高更远的天地值得他们去开拓。知识是永无穷尽的，所以你永远都没有满足的资本。在我们的人生旅途中，尽量多收集些鹅卵石，那么你终将拥有一个钻石般的未来。而考取一个专业资格证书的意义在于，它将成为你手中最大、最美丽的钻石，它能让你引以为豪，并信心百倍！

第89件事

至少换一次工作

从前，有个军医，他每天要医治上百个伤员，他亲眼看到他所医好的士兵们再打仗，再受伤，而后再被抬进医务室——最后终于死掉。他想：“医好的士兵们又一个一个死掉，既然都是死，那为什么要医他们呢？他们终究得死呀！”

百思不得其解，无奈感顿生，于是他辞掉了军医的工作，独自走入深山。终有一天，他豁然开朗，于是又下山了，人们问他为什么，他说：“因为我是医生。”

好答案！因为他是个医生，医生的职责就是做医生该做的事，每个人在不同的时间，都会有不同的定位。能够在不同的角色转换中，找到属于自己的定位，并且好好地守住自己的位置，就值得鼓励。

太多时候，我们走的是认为自己应该走的、别人走过的，或是其他人为我们选择的道路，然而不久之后，你就会发现这条路并不能带你到你想去的地方，不能让你觉得满足或欢喜，也不符合你的理想。既然有其他的途径可选，为什么非要徘徊于此呢？做人的快乐，就在于能够作不同的选择，尝试不同的东西，直至找到最适合你的道路。

选我所爱，爱我所选。这是极为幸福的人生境界。对于大多数无法得到这种幸福的人而言，困难并不在于“选”及“爱”这两件事，而是选来选去，选了以后才觉得不合乎心意；爱来爱去，爱了以后却还是搞不清楚，到底爱什么？

先弄清楚自己要的是什么，才会选到真正喜欢的，寻找合适的对象，并没有想象中那么难。如果一时之间还是很难下决定的话，唯一的办法就是趁年轻的时候多多尝试。

在没弄清楚自己的真正需要之前，不要轻易下决定。认真去尝试、去体验，从比较中认识自己的价值观，再下决定。虽然，尝试越多付出的代价越大，但总比因为不尝试就下错误决定或拖着不下决定要好得多。

通过转换工作来发现自己兴趣之所在是年轻人寻找自我的方式之一。虽然自己付出的代价及雇用你的企业所付出的成本都很高，但只要做每一份工作时，都能全力以赴、认真学习，一段时间之后，必然可以了解自己真正的兴趣。

找到自己有兴趣的工作之前，你也许做过许多不同的工作，这些摸索的过程看似浪费青春，但假如走每一步时都能认真体会、思考，最后终将找到真正适合自己的职业。最怕的是在尝试发现自己真正兴趣的过程中，未能全力以赴，做一行又怨一行，始终不能深入体验工作的乐趣和成就感。还有另一种极端是，过度追求报酬及掌声，只顾着争取别人的肯定，勉强自己去完成别人的期望。做不喜欢的事和爱不适合的人一样，都是十分痛苦的，也难以持久。

只要你下定决心，努力去做，坚持理想，方法得当，日复一日去实践，每一天都会是生命的转折点。在启动生命改变的机制之前，每个人都有默默耕耘的时候。改变，有可能在瞬间发生，但更多的可能存在于认真生活的每一天。

最坏的生活可能是没有选择的生活，对新事物没有任何希望的生活，走向死胡同的生活。相反，最愉快的生活是具有最多机会的生活。

第90件事

为自己做一个保险计划

保险的意义，只是今天作明天的准备，生时作死时的准备，父母作儿女的准备，儿女幼小时作儿女长大时的准备，如此而已。今天预备明天，这是真稳健；生时预备死时，这是真旷达；父母预备儿女，这是真慈爱。能做到这三步的人，才能算是有远见的人。

不管目前的状况如何，都要为自己留条后路，为自己做一项保险投资，不仅是自保，更是保护家人。你一定这样想：只要我在，我就会照顾好我的家人。可是，要是你不在了呢？要是你没有能力再照顾他们了呢？这些你有没有考虑过？

“他走之前没有安排我和孩子的未来……”著名画家陈逸飞的妻子宋美英在《逸飞视界》中如此说。亚洲首富李嘉诚曾说：“别人都说我很富有，拥有很多的财富。其实真正属于我个人的财富是给自己和亲人买了充足的保险。”

面对不可逃避的“离开”，不同的准备会带来两种完全不同的结果。为了把遗憾摒弃在生命之外，我们一生至少要拥有七张保单。

第一张保单为父母。在我们自立前，我们一直在向父母索取。为了我们，父母倾注了所有。因此，我们人生的第一张保单应该为父母而买。当我们发生意外时，让保险帮助我们报答父母的恩情。

第二张保单为爱情。当我们走进婚姻的殿堂，我们要拥有第二张保单。这张保单是为我们挚爱的另一半而买，把他/她的名字写进受益人一栏，也就把自己的名字刻进了他/她的生命里，以实现我们生死不变的爱的承诺。

第三张保单为责任。当我们初为人父母，我们势必要拥有第三张保单，以确保无论发生何种状况，我们都能完成把这个新生命抚养成人的重大责任。

第四张保单为养老。如何规划我们的老年生活，这是步入中年的我们必须思考的问题。如果你不愿意给子女带来负担，那么这张保单就要在一个适当的时刻产生。

第五张保单为健康。为了避免一生的积蓄因为疾病付诸东流，我们要早早为自己的健康购买保险。

第六张保单为理财。人的一生离不开钱财，如何打理自己的钱袋，怎样才能获得保值增值，这是每一个人都应思考的问题。人生理财有两个关键：有效增值，合理避险。而保险恰恰是一种最基础也是最根本的理财工具。

第七张保单为尊严。我们银行的现金账户会随着时间的流逝而减少，但我们保险账户的金额却会随着时间的推移而增加。为避免年老多病少金而受冷遇，保险是最理性的选择。

在我们的一生中，一定要为自己做一个保险计划。有一个小偷在失手被缚后，警察好奇地问他："一般人应如何防止扒手带来的损失?"扒手答道："不要把你所有的钱都放在一个口袋里。"把钱分散开来，放在不同的口袋："日常支出"、"储蓄"、"投资"、"医疗"……千万别忘了，还有一个叫做"保险"的口袋，当你不幸失窃时，"保险"口袋里的钱不但不会丢，还会挽回你其他的损失。（田彩虹）

在最喜欢的报刊上发表一篇文章

现在，就拿起笔把你的经历、你的思想、你的感叹用文字记录下来吧！然后，把它投给你最喜欢的报刊！你没有理由不相信你的文字会变为铅字，因为你没有理由相信“不可能”。

你不必像文人们那样笔耕不辍。投一次稿，只是为了向自己证明：我行，只要我行动，凡事皆有可能。

五大洲的400多位作家，对“你为什么写作”这个问题的回答可以说是五花八门的。

中国大陆作家巴金的回答是：“我以文学改造我的生命、我的环境、我的精神世界。”

台湾作家陈映真的回答是：“为了让被侮辱的人重获自由尊严。”

诺贝尔文学奖获得者、哥伦比亚作家马尔克斯回答说：“我写作是要我的朋友爱我更久。”

英国作家格林回答说：“我长了个疮，熟了，我把它挤掉。写作就是这么回事。”

我们怀着虔诚的心情阅读文豪巨匠留下的宝贵精神财富；我们崇拜他们、仰视他们。“我也想在报刊上发表一篇文章。”你产生过这样的想法吗？我相信你有过，因为我也有过。接下来，你一定会笑自己：“这怎么可能呢？”于是，你连拿起笔的勇气都没有了。

假如你不愿意被“不可能”这三个字所征服，那么将它们从字典里剔除吧。

“不可能”这个词是最悲哀的词。很不幸，这个词却深深印在许多人的意识中，不断提醒他们：他们办不到；他们无法成功；他们没有希望。因此，他们被那些夸大的、令人感伤的、所谓的“不可能”打败了。

在我们的人生里，很多人知道哪些事该做，然而真正身体力行去做的人却不多；乐观而没有积极的行动来配合，就只是一种自我陶醉。

鼓起勇气去做你一直想做的事，一次有勇气的行为，可以消除所有的恐惧。不要强求自己非做好不可，记住：去做，比做好更重要！

成功的画家盯着画布说：“里面有一幅美丽的风景，等着我把它画出来。”作家盯着稿纸说：“这儿有一本旷世名著，等着我把它写出来。”企业家说：“我有很好的创业理念和理想，我一定能实现。”

你呢？我们往往只看见理想或梦想，却从不采取行动。为什么不采取行动呢？

请时刻牢记这个惊人的说法：“你们若有像一粒芥菜种般大小的信心……”你可曾看过芥菜种子？当你把它放在你的手掌里，一阵微风就能把它吹得无影无踪。它是很小的，因此，即使你只拥有像芥菜种子那般微小的信念，只要这股信念是真的，那么，你就没有一件不能做到的事情——没有任何事情是“不可能的”。

第92件事

换一个看世界的角度

换个角度看问题，心境大不相同。

一些事情虽有不愉快或糟糕的一面，但也有好的一面。最根本的症结，在于我们每个人心中都有一位严厉的法官，他无时无刻不在批判自己、批判别人，对生活也毫不留情地批判。于是在我们的眼中，别人的缺点似乎无所遁形，而自己的内心也因一些“看不开”的事而陷入悲观失望。

有两句话说得好极了：“当你眼中只看见海，而看不到其他的，就会认为没有陆地的存在，就无法成为优秀的探险家。”“真正的发现之旅，并不在于寻求新的景观，而在于拥有新的眼光。”

只要调整自己看问题的角度，你的世界将会变得不一样。你用什么眼光看世界，世界就会以什么方式回报你的观看。

有一个小男孩在心情不好时喜欢靠着墙倒立。

他说：“正着看这些人、这些事，我会心烦，所以我倒着看世界，觉得所有人、所有事都变得好笑了，我就会好过一点儿。”

烦恼时，你无法兼顾其他事物吗？当人陷入绝境中，视野自然会变得狭小，只拘泥于自己烦心的事情，对其他事毫不关注。一个人心情烦闷、忧愁时，更要暂时避开眼前的一切，不要钻牛角尖，应将注意力转移到别的事情上，进行角色互换，或许会有意想不到的收获。

有一个小女孩每天都从家里走路去上学。一天早上天气不太好，云层渐渐变厚，到了下午时风吹得更急，不久开始有闪电、打雷、下大雨。小女孩的妈妈很担心，她担心女儿会被打雷吓着，甚至被雷打倒。雷雨愈来愈大，闪电像一把锐利的剑刺破天空，小女孩的妈妈赶紧开着车，沿着上学的路线去找女儿。她看到自己的女儿一个人走在街上，发现每次闪电时，她都停下脚步、抬头往上看，并露出微笑。

看了许久，妈妈终于忍不住叫住女儿，问她说："你在做什么啊?"

她说："上帝刚才帮我照相，所以我要笑啊!"

其实我们每个人都有幽默、乐观的本能，长大后却慢慢失去了。试着重新回归儿童的发散思维，不要让世俗的观念束缚你，换个角度看世界。

有一个人经过热闹的火车站前，看到一个双腿残疾的人摆设卖铅笔的小摊，他漫不经心地丢下了一百元，当做施舍。但是走了不远，这人又回来了。他抱歉地对这位残障者说："不好意思，你是一个生意人，我竟然把你当成一个乞丐。"

过了一段时间，他再次经过火车站，一个店家的老板在门口微笑着喊住他。

"我一直期待你的出现，"原来老板便是那个残疾的人。他说，"你是第一个把我当成生意人看的，我现在是一个真正的生意人了。"

你怎么看一个人，那个人就可能会因你而有所改变，你看他是宝贵的，他就是宝贵的。一份尊重和爱心，常会产生意想不到的善果，所以，不妨用心地看待这个世界，用心地去尊重每一个人，你将会发现，自己及周围的人都有着无穷的潜力。

法国一个偏僻的小镇，据传有一个特别灵验的水泉，常会出现神迹，可以医治各种疾病。有一天，一个拄着拐杖，少了一条腿的退伍军人，一跛一跛地走过镇上的马路，旁边的镇民带着同情的口吻说："可怜的家伙，难道他要向上帝请求再有一条腿吗?"

这句话被退伍的军人听到了，他转过身对他们说："我不是要向上帝请求有一条新的腿，而是要请求他帮助我，教我没有一条腿后，也知道如何过日子。"

学习为所失去的感恩，也接纳失去的事实。别太在意人生的得与失，而是要让自己的生命充满亮丽的光彩，不再为过去掉泪，努力活出全新的自己。

每一个日子都可能是最后的日子，我们要以敏锐的心过好每一天，更要用心地看看这个世界。请用心看看自己，不要把每一件事都视为是理所当然的，因为所有的事情都会改变，关键是你如何去衡量。

第93件事

学会做几样拿手菜

你会做菜吗？你有拿手菜吗？

如果没有，赶快学！

原因有三：一是为人。有朋自远方来，亲自下厨做几道拿手好菜，小酌几杯，不亦乐乎！假日拜望父母，做几盘好菜，煲一锅浓汤，片片孝心，浓浓亲情，会随着菜香飘至家人的心头。二是为己。说不定哪一天，形单影只，独自在家，煮方便面吗？惨！做几碟小菜，慢慢享用，再泡一壶清茶，对月品茗，美哉！三是为乐。体验过厨房之乐吗？一片片、一段段、一块块的菜料从刀下切出来，阵阵菜香从锅内飘出来，一盘盘色香味俱全的佳肴从自己手中端到餐桌上，是一种成功的快乐，会有一种无法言表的满足。怎么样，动心了吗？为你的爱人，为你的朋友，为你的长辈、为你自己做几道拿手菜，温馨的感觉会永远萦绕在心头，成为永远的回忆。

其实这种吃法就是妈妈做的，我看会的。

美食背景：还是冬天，很冷。家里只有一点白面、一点西红柿、一点土豆、一点点肉。

妈妈看了看面黄肌瘦的我们（指我和弟弟），说：

“今天就做一个西红柿面片汤吧！”

做法如下：

1.和面，就用凉水，不是烫面。水多了放面，面多了放水，直到平衡出现。

2.西红柿洗净切片。

3.土豆洗净切片。

4.肉洗净切片，放水淀粉拌匀，这样嫩。

5.水烧开后，放西红柿，放土豆，煮。

6.此时，用刀把面切成一条一条的，再切成一小块一小块的。

7.妈妈的手，把面扯成面片，放入锅中，锅中正沸腾着。

8.反复，直到面用光。

9.煮一会儿，下肉片，开锅就关火。

10.放少许盐，盐吃多了掉头发，且易得高血压。（张　鑫）

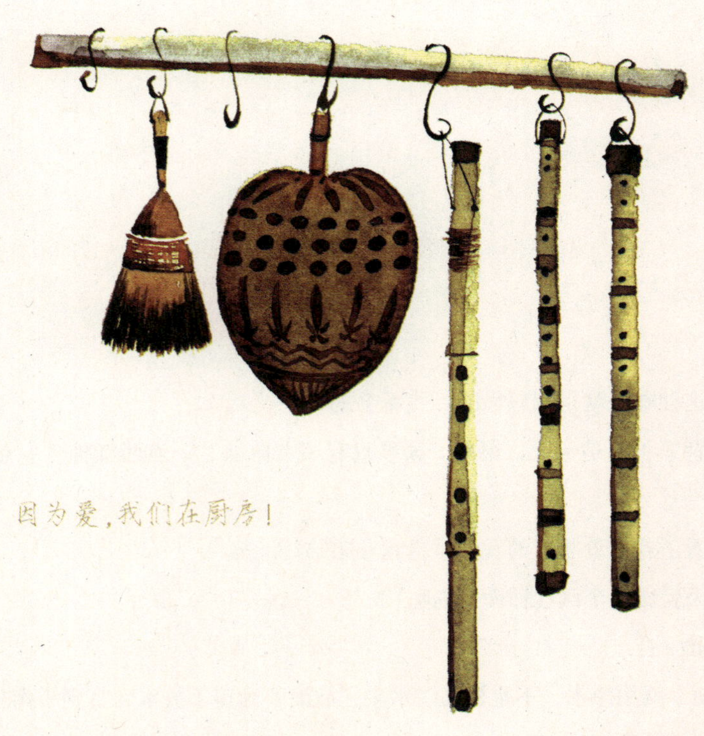

第94件事

找到一种适合你的娱乐及健身方式

紧张的工作使我们的躯体“软化”，使我们的生命萎缩，羸弱的身体已不能承载大负荷的工作量。风轻云淡的日子里，利用一点儿闲暇时间，走出沉闷的办公室，吸一口清新的空气，打球、健身、健美，享受阳光下流汗的那种惬意和淋漓，舒展一下日渐慵懒的躯体，活动一下你的筋骨，为你的身体来一次健康充电，焕发它本应有的活力、激情和风采，还回我们年轻的本色。

黄昏的阴影轻盈悄然地飘散在罗浮江上。林木和江水被柔和夕照渲染得犹如酒酣颜酡。

林木在明镜似的江水前顾影自怜。偶然有飞虫被鳟鱼狙噬，水面上漾起一连串的圈圈，水里的倒影才会受到波动。霎时间万籁俱寂，如入禅定。一切苦难化为乌有，天人之间几乎没有间隔。

在上游垂钓的青年，全神贯注于引鳟鱼上钩，竟没有注意到这片刻的宁静。这种绝圣弃智的行径在这里是没有的。因为江边上的渔翁已经来日无多，他不肯等闲虚度了良辰美景。

他静寂地坐在那里，像他背靠着的树桩一样，抬起了头如在默祷，烟斗里喷出的烟雾袅袅上升。他没有把钓竿放在心上。生活的重担压得他脸上的皮肉龟裂起皱，犹如生牛皮。但他的眼神里却有一种温和、荧荧的光芒。目前他心里怡然自得，与世无争。

钓丝上的浮子跳了一下，他竟视若无睹。直等鱼儿钻到水底，倏然溜走，牵动了钓竿，老渔翁这才伸手下去把钓丝拉回来。钓钩上鲜灵活跳的是一尾棕斑鳟鱼。

正要把它生擒活捉，他那胼掌隆节的手踌躇了一下。老渔翁若有所思，少顷，呵呵一笑。“这早晚可不是杀生的时候，什么生灵都不应该死的。”

这老头儿不愿意再在鱼钩上下饵了。他没有时间了。太阳快下山了。

这时一个青年自下游涉水而来，攀登上岸。“足足四个钟头，连一条鱼都没有，”他说，“白费了半天工夫。”“本来是嘛，小老弟，”老渔翁小声说，“钓鱼要是只为得鱼，钓不着当然是白费工夫。听我的话。沉住气慢慢儿钓，要有闲工夫向四周围瞧瞧。看野鹿在江边上喝水，松鼠在忙活，野鸭匆匆忙忙起飞，你别不在意地看一眼就算了。闻闻野花的香味……眺望太阳下山。你周围都是造物主的手工，小老弟。不管它做的活是什么，总是值得一看的。”

老渔翁收了一串子母钩儿，上边有四尾鲜活的鳟鱼。

“瞧。小老弟，”他说，“要是你要的是鱼，你拿去吧。我到这儿来，可不是为了这几尾鱼。”

小伙子脸上露出诧异的神情。他耸耸肩，向那几尾鱼笑了一下，就走了。

可是他忽然停了一下，摘了一朵野花。（佚　名）

这故事里的老头，分明是“渔翁之意不在鱼”。当你投入到一种你喜爱的休闲运动中时，你也许会发现：真正的乐趣并不全在于那项运动本身。休息日到郊外去垂钓，使自己沐浴在和风暖日之中，亲身体验一下“西塞山前白鹭飞，桃花流水鳜鱼肥，青箬笠、绿蓑衣，斜风细雨不须归”的垂钓意境，一定会让你流连忘返；而在垂钓时静观水面鱼漂的沉浮动静，更是别有一番情趣。

轻松、舒适的休闲运动，带给我们一份愉悦的心情，一副强健的体格。抽出点时间，选择自己喜欢的“运动与休闲方式”——当然，其方式是多种多样的，你要选择一种适合自己的方式，让健康与活力充满你的生活，这是提高生活质量的源泉。健康的感觉并不仅仅指匀称的体形和健康的身体，它还意味着充沛的精力和健全的体魄。健康状态是指具有基本的力量、柔韧性和耐力。有氧运动、慢跑、游泳、散步、打网球等运动都能帮助你提高耐力。让你的肌肉运动起来！使你的形体靓丽起来！再把你的精神放松下来！

人生苦短，为什么不善待自己，使自己沐浴在闲散、休闲的轻松之中？为什么不潇洒地活跃于运动场上，让汗水和欢颜辉映你生命的笑容？

写一部“忏悔录”

我为儿时的残忍忏悔，那时我伤害了一只流浪猫；我为我的不诚实忏悔，考试时我曾经打过小抄；我为我的不孝忏悔，年轻时我不曾理解父母的苦心；我为我的懦弱忏悔，我没有勇气当场捉拿小偷；我为偶尔显现的自私忏悔，把同事合作的功劳归于自己的努力；我为我的自大忏悔，我曾在师弟面前夸夸其谈；

……

我忏悔，并祈求平静。

一位牧师在1983年5月写了封永远都寄不出的忏悔信。信中表达了他对已故太太的忏悔，他没有在她生前尽到丈夫的责任，却把许多的关爱放在教会的事上。他遗憾地写道，虽然深爱着太太，但却拙于表达，就像我们一贯用的借口。

“你生产时，适逢我须外出开会，我竟然撇下你孤军作战，那时还满心得意能把神放第一而沾沾自喜，如今想来深感亏欠……

“你有时身子不适需要休息，但，当我忽然得知教会某姐妹需要帮助的时候，从没顾虑你的身心情况，总要你立刻整装跟我出门，就如你常说：‘去擦干别人的眼泪，自己眼泪就自干；去安慰帮助人，自己难处就忘了。’

“我肯给弟兄姐妹时间，不管清晨深夜，不管寒冬酷夏，只要一个电话立刻赶去；但，我却不肯给你及孩子一点儿时间，好好倾听你们、陪伴你们，试着去了解你们的心灵所需……

“我完全忘了，你也是一个女人，就如教会众姐妹当中的任何一个。她们会软弱、会闹情绪，而我却认为你当样样与她们不同……

“为什么许多的追悔，必须在回忆里空留遗憾？为什么在你活着时，我却要求你超然，永不能软弱，永不可倒下，永不可有怨言……”

没有谁的人生是完美的，正直的人也有胆怯的时候，善良的人也有残忍的时候；尽职尽责的教师也许对自己的孩子缺乏关爱，精明能干的女强人也许对丈夫缺乏应有的温柔；年轻时以为再正确不过的行为，今天看来却是那般轻狂……人生需要忏悔。当我们回头望向那些尘封的记忆，望向那个从小到大的“我”的所作所为时，我们有必要忏悔。为过往的岁月中自己的所作所为而忏悔，为曾经伤害过的人忏悔。

人生需要忏悔，灵魂需要安顿，心灵需要洁净。勇敢地面对自己的过错，即使一切已尘埃落定，忏悔并不能改变什么，但是至少，它会让我们的心灵焕发喜悦之光。

不要等到老了以后再动笔写“忏悔录”，恐怕到那时，有很多事情你已淡忘。

现在就开始思索，并把需要忏悔的事情记录下来，每隔几年补充一次，用你的一生来完成它。

第96件事

创一次业，无论成功与否

如果你想做个创业者，是需要一定资金投入的，不管投入多少，都是自己的，因此一定要认真对待。要有把自己投入的1000元当做100万元对待的敬业精神，并且像对待自己的亲生儿子一样。这样，你才能倾注心力照顾好自己的“儿子”，而不会白白地失去投入的资金，任其亏蚀。

60多岁的沃尔逊先生从政府机构退休后，便迷上了电视台播放的“探索自然”节目。有一天，电视台播出了一个关于月球探秘的纪录片，荧屏上，主持人手拿月球地图，一边向观众讲解，一边翻动着一页页相关的图片。

沃尔逊先生心想，这样看月球的平面图实在太费劲，也不够直观。地球和月球一样都是圆的，既然能将地球制成地球仪，那么为何不能把月球制成月球仪呢？沃尔逊先生抓住这瞬间产生的灵感，决定把剩余的精力投在月球仪的开发上。

1969年3月，第一批精美的月球仪制作好后，沃尔逊先生亲自撰写了广告词，并在电视台播出。结果，正如他所预料的那样，世界各地的订单随即滚滚而来。之后，沃尔逊先生每年都可得到1400多万英镑的生意，并且先后开发了火星仪、金星仪、土星仪、木星仪等系列产品，使家庭工厂逐步成长为世界级的大企业。

一位60多岁的老人仍能有如此的开拓精神，并因此成就了一番大事业，那么，你何必要慨叹没有创业机会呢？

创一次业，并全力以赴，无论成功与否。如果你一直活在别人的管理下，你将永远无法知道，你的张力有多大，你的思维有多活跃，你的韧性有多强。说不定你是一个优秀的决策者，说不定你脑子里那些“怪异”的想法是“金点子”，说不定你是一个没被发现的潜力股，不创业，这些可能性就得不到证实。

你难道不想知道么，自己到底能做到什么程度？那就勇敢地创一次业吧，你会从中得到最真实的答案。即使失败了，你也可以说：我尽力了，我没有遗憾。

第97件事

参加一次葬礼

“死亡”是我们民族所忌讳的话题，可是，对于死亡的见解却潜移默化地影响着每个人的生活。我们的死亡教育，做得太不够。人的一生中至少要参加一次葬礼，近距离地感悟生死，才能从容地想象生命的最后一刻。

美国洛杉矶市的一名警察曾在一个深夜亲眼目睹了一名遭遇车祸的华裔女子的死亡过程。那女子仅有25岁，伤势极为严重。在神志清醒的时候，她的脸上始终带着淡淡的微笑，在惊人的平静下似乎没有丝毫恐慌。她与警察攀谈，请警察给自己的妹妹打电话。最后她对警察道谢，并留下了一个让人刻骨铭心的笑容。是什么可以让一个25岁的女孩子在面对死亡时如此从容？她没有惊恐、没有抱怨，甚至没有掉过一滴眼泪，而且在生命的最后一刻还惦记着不让家中的父母难过……

我们给未来不可预测的事情冠以“命运”两字，是因为我们在命运面前的确毫无选择。或早、或晚、或突然、或意料之中，每个人都将面临死亡。如果在生命的最后一刻还能拥有什么，那么，就拥有那个女孩子一样的笑容吧！这会使你多一分勇气，多一分坚强，多一分只要活着就不悲悲戚戚的从容。

第98件事

拥有一张自己的信用卡

“请你相信我。”当你诚恳地说出这句话，以期博取别人的信任时，一句“我凭什么信任你”就会让你无言以对。每个人都应该拥有一张自己的信用卡，并认真对待它。信用卡的意义不单纯是“用明天的钱做今天的事”，更重要的，它是你为自己建立的一个“信用档案”。在你向银行申请贷款、应聘，或者其他需要表达“请你相信我”的时候，良好的“信用档案”将会是最有说服力的证明。

我来美国的第一年，费了很多神才习惯使用信用卡。一开始我出去买东西总带足现金。有一次我给了超市收费员一张100美元的现钞，她很吃惊看到这样大面额的钞票，还把她的主管叫来以验证真伪。后来朋友告诉我应学会用信用卡付账。这对新来美国的人尤为重要，因为你要建立信用档案。后来我懂得了，如果你要在这个社会定居下来，信用档案是何等重要。不论是买车还是买房都取决于你的信用。

于是我开始尝试使用信用卡，起初因为我没有信用档案，我的信用卡限额很低。随着时间的推移，我的信用档案逐渐建立起来。越来越多的信用卡公司给我寄来已经批准的表格，让我申请它们的信用卡。我的信用限额也不断增长。一些信用卡公司不断寄来空白支票，好像在告诉我“疯狂购物去吧！”然而我从未敢滥用这种“特殊待遇”，因为我明白这其中有圈套。你可以用尽你的限额，买你想要的东西。在买东西的那一刻你不需要付钱——我是指现钞，但这笔账你总归要还。如果你每月只付最低数额，那么脑子里老想着欠了账，这会使你永无宁日，因为利息随着时间的流逝会越滚越大。所以我从没有超越限额消费，每月也都按时还全款。

毕业后，我到美国的一家大公司应聘，其实我并没有太大把握，这家公司招聘的是有经验的软件师，而我只是个刚刚走出校园的“新人”。在面试时，我表示虽然目前我的资历尚浅，但是我愿意用勤奋来换取经验。面试后的第三周，就在我认为没有希望的时候，我接到了公司的电话，人事经理说：“你的资历的确不符合我们的要求，但是，在所有招聘者中，你是信用度最好的一个，你的信用卡没有一次不良还款记录。我们相信，一个在消费上有信用，并且有自制力的人，在工作上也会尽心尽力。”就这样，我进入了这家大公司。此后，我更加认真地对待我的信用卡，我知道，信用卡不仅仅是一个支付工具，更是我人格的证明。（佚　名）

在一些国家，没有信用卡，就没有信用记录，在办理贷款的时候，就会很难或者利息奇高。美国人把信用当做是生活的重要部分，而信用卡就是最好的中介，美国人 90%的消费由刷卡完成，即便单笔消费一美金都不到——他们习惯于只带少量现金，也习惯于用信贷树立个人形象。一个美国公司破产了，产权人只需要清偿有限债务或者申请破产保护，但如果一个美国人的个人信用“破产”了，他需要用至少七年的时间重建他的个人信用。

这种“信用生活”模式在中国也渐渐盛行，很多城市都建立了“信用查询系统”，公司洽谈业务、政府招考公务员，甚至个人谈婚论嫁，都会先去进行信用查询。所以，每个人都要拥有一张自己的信用卡，并且要以强烈的契约和信用意识对待它，超前消费不仅会带给你经济上的便利，也会建立起你的信用形象。

第99件事

写下遗嘱，死后捐献有用的器官

全世界需要器官移植的病人数与器官获得数的比例为30∶1，在我国，该比例约为20∶1。在近乎于无望的等待过程中，许多生命静静地逝去。

当生命不可挽回地终止时，让自己的部分生命借助现代医学用另一种方式延续，将自己生命的句号改写成其他人生命的省略号，这是多么美好的义举。

我永远也忘不了1965年那年炎热的夏天，妈妈突然死于一种医学上无法解释的疾病，时年仅36岁。当天下午，一位警官拜访了我的父亲，征得爸爸同意后，医院将要取出妈妈的主动脉膜及眼角膜，我几乎完全被眼前这一事实击昏了，医生要解剖妈妈，把妈妈身体的一部分移到别人身上！我这样想着，冲出屋子，眼泪夺眶而出。

那时我14岁，我还不能理解为什么有人可以把我深深爱戴的人割裂开来。但爸爸却对那位警官说："好吧。"

"你怎么能让他们那样对待去世的妈妈，"我冲着爸爸哭喊着，"妈妈完整地来到这个世界，也应该让她完整地离开这个世界。"

"琳达，"爸爸温和地对我说，用手臂环绕着我，"你能献给别人的最好礼物就是你自己身体的一部分。你妈妈和我很早以前就决定了，如果我们死后能对别人的生活产生好的影响，那么我们的死也就有意义了。"

那天，爸爸给我上的这堂课成了我一生中最重要的一部分。（琳达·里弗斯）

"把我的心脏留给爸爸，这是我献给他最后的礼物。"这是近年来欧美最动人的流行语。

许多父亲患有心脏病的女儿，都将这句“名言”雕刻在挂于自己心口的项链挂件上，或写在终年随身携带的“器官自愿捐赠卡”上。而许多父亲一旦发现女儿身上有这句话，都会情不自禁地热泪盈眶。

仅以角膜为例，全球有盲人4600万，其中中国700万，如果有足够的角膜，3000万人可以走出黑暗。而角膜可说是取之不尽的，因为即使八九十岁老人捐的角膜，还可以供另一个人用上几十年。可惜这个“如果”目前还成不了事实，角膜严重缺乏。

人体器官的成功移植和不断推广，赋予“救人”的概念以新的内涵。通常意义的救人，是指以物质钱财、侠肝义胆或生命鲜血救人于水火，助人于危难，解人于倒悬。如今，医学的发展，使每个人都有了以自己躯体救助他人的机会。而这一机会，无论对社会名流还是平民百姓，都是完全平等的，没有高低贵贱之分、贫富贤愚之别，区别仅在于肯或不肯。

图书在版编目（CIP）数据

一生要做的99件事／覃卓颖，孙玥编著．—哈尔滨：哈尔滨出版社，2009.4

ISBN 978-7-80753-577-5

Ⅰ．一… Ⅱ．①覃…②孙… Ⅲ．人生哲学—通俗读物 Ⅳ．B821-49

中国版本图书馆CIP数据核字（2009）第020995号

责任编辑：李金秋　叶丽梅

插画作者：范毅夫　汪兰川

封面设计：远流图文工作室 赵兴华

版式设计：远流图文工作室 吴　丹

一生要做的99件事

覃卓颖　孙　玥　编著

哈尔滨出版社出版发行

哈尔滨市香坊区泰山路82-9号

邮政编码：150090　营销电话：0451-87900345

E-mail：hrbcbs@yeah.net

网址：www.hrbcbs.com

全国新华书店经销

沈阳市佳麟彩印厂印刷

开本 720×960 毫米　1/16　印张 16　字数 200 千字

2009 年 4 月第 1 版　2009 年 4 月第 1 次印刷

ISBN 978-7-80753-577-5

定价：35.00 元

版权声明

吴文波

北京版权代理有限责任公司

北京海淀区知春路 23 号量子银座 1403 室

邮编: 100191

电话: 86（10）82357056/57/58/59　　传真: 86（10）82357055